# 小3 全科の復習テスト

国語

## この本の特色と使い方

①学習《がくしゅう》したことがしっかりと身《み》につくよう，くふうをこらしてつくった全科《ぜんか》の復習《ふくしゅう》テストです。

②小学３年で学習しなければならない，基礎《きそ》・基本となるたいせつな学習内容《ないよう》と考え方を取《と》り入れ，確実《かくじつ》に力がつくように考えてあります。

### マンガのキャラクター紹介

※カイとサクラは双子《ふたご》

### はじめに

●各《かく》科目の学習内容をマンガでえがいているので，その学年で学ぶ内容がよくわかります。

### 本文

●「ふく習のポイント」は，その単元《たんげん》でどういう点に気をつけて学習をすればよいか書いてありますので，問題《もんだい》をとく前によく読んでおきましょう。

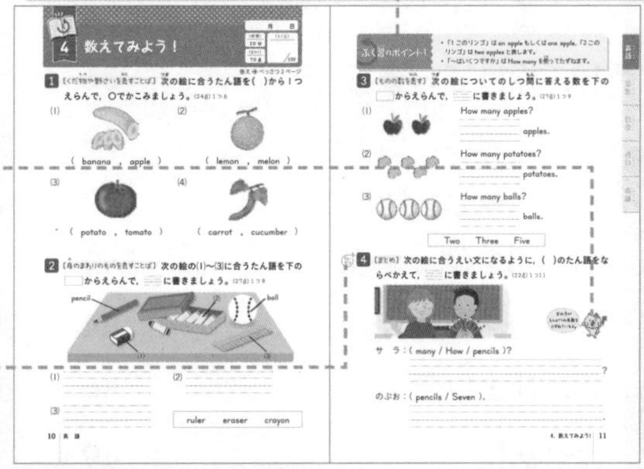


●コタロウは本文にも登場《とうじょう》します。

●たいせつ マークは「たいせつな問題」で，テストによく出る問題です。とくに力を入れて解《と》きましょう。

### 仕上げテスト

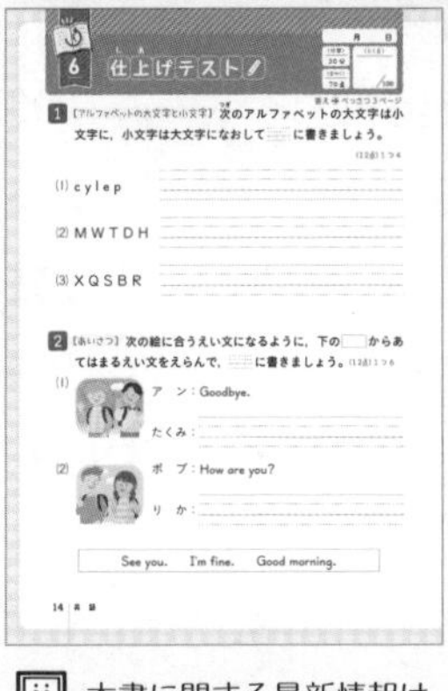


●このページで各科目の知識《ちしき》がしっかりと定着《ていちゃく》しているかを確《たし》かめましょう。

### 答え

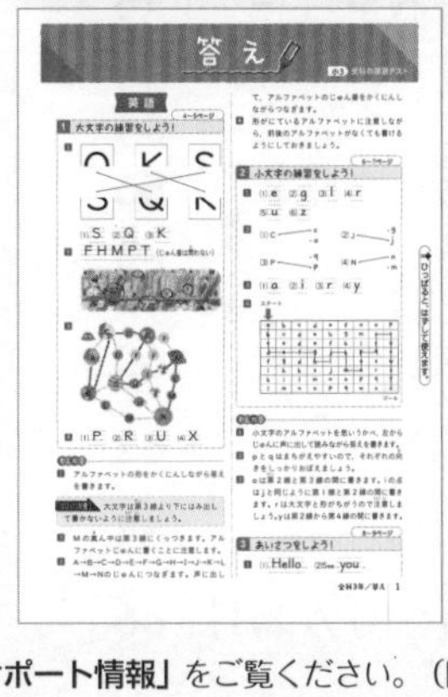


●「答え」には 考え方 や とき方，ここに注意！ などをつけて，まちがいの原因《げんいん》をさぐりやすくしました。

本書に関する最新情報は，当社ホームページにある**本書の「サポート情報」**をご覧ください。（開設していない場合もございます。）

# もくじ



国語は巻末から始まります。

# 英語

## はじめに

3年生の英語では，アルファベット，身近《みぢか》な英語のことば（たん語《ご》）や日じょうで使《つか》える英語の文（えい文）を学びます。まずは，アルファベット（大文字，小文字）をおぼえます。「おはよう」や「さようなら」のあいさつなど，たくさんの英語にふれていきましょう。

# 1 大文字の練習《れんしゅう》をしよう！

月　日

〈時間〉20分
〈合かく〉70点
〈とく点〉　/100

答え→べっさつ1ページ

**1** ［アルファベットの大文字の形］ 次《つぎ》のカードを線でむすんで，正しい組み合わせにしましょう。かんせいしたアルファベットを下の＿＿に大文字で書きましょう。(18点) 1つ6

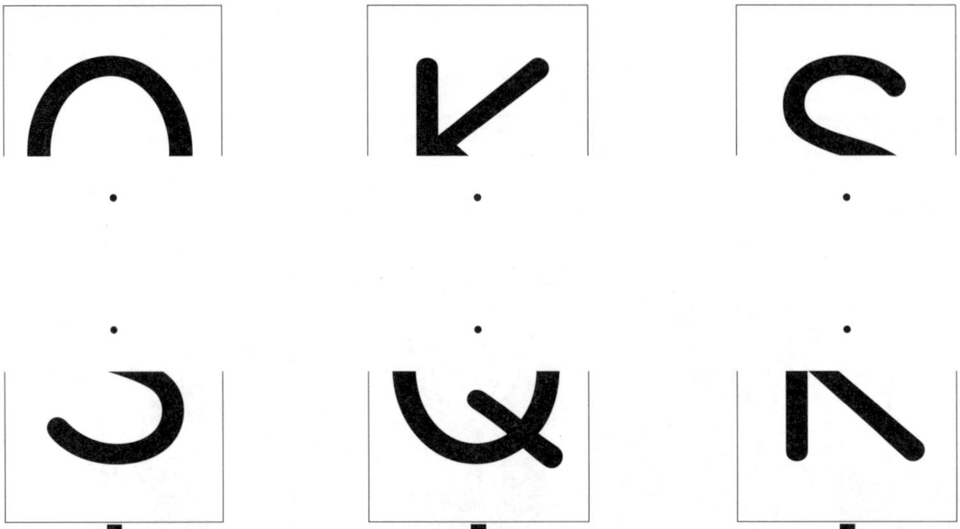

(1) ＿＿＿＿　(2) ＿＿＿＿　(3) ＿＿＿＿

**2** ［アルファベットの大文字］ 次の絵の中にあるアルファベットを5つ見つけて，＿＿に大文字で正しくアルファベットじゅんに書きましょう。(20点) 1つ4

＿＿＿＿＿＿＿＿＿＿＿＿＿＿＿＿

## ふく習《しゅう》のポイント！

- アルファベットの大文字はＡ～Ｚまでの26こです。
- 大文字は４線の第《だい》１線～第３線の間に書きます。
- 第３線より下にはみ出さないように注意《ちゅうい》して書きます。

**3** ［アルファベットのA～N］ **UFO《ユーフォー》が地球《ちきゅう》にたどり着《つ》けるように，次《つぎ》のわく星をアルファベットじゅんに線でむすびましょう。** （30点）かん答

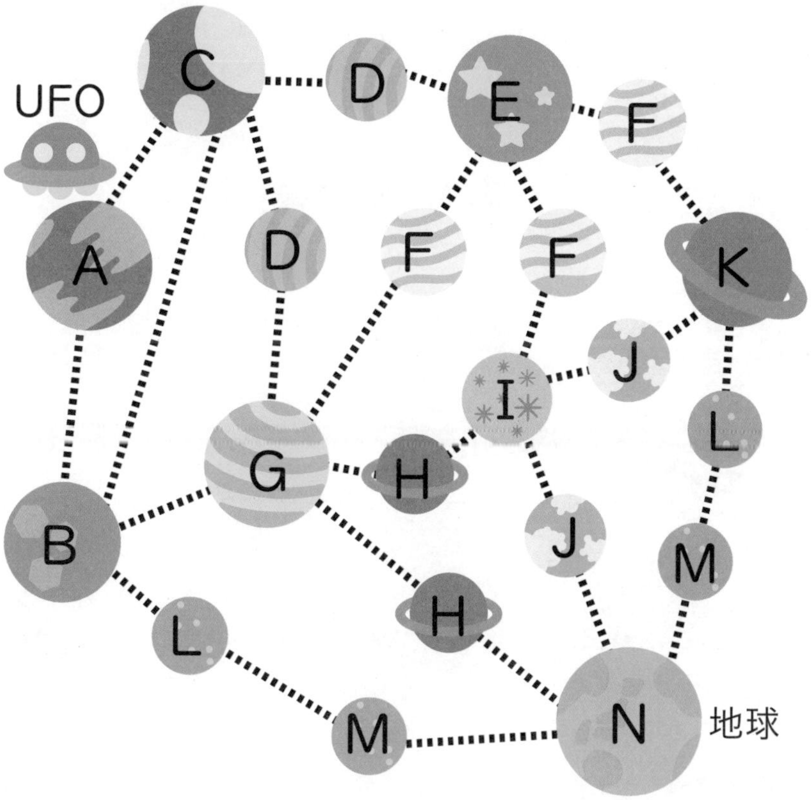

**4** ［アルファベットのO～Z］ **次の文字がアルファベットじゅんになるように，＿＿に大文字を書きましょう。** （32点）1つ8

O ➡ (1) ＿＿＿＿ ➡ Q ➡ (2) ＿＿＿＿

S ➡ T ➡ (3) ＿＿＿＿ ➡ V

W ➡ (4) ＿＿＿＿ ➡ Y ➡ Z

# 2 小文字の練習《れんしゅう》をしよう！

月　日

〈時間〉20分　〈合かく〉70点　〈とく点〉 /100

答え→べっさつ1ページ

**1** ［アルファベットの小文字］ **次《つぎ》の(1)～(6)がアルファベットじゅんになるように，＿＿＿に小文字を書きましょう。** (24点) 1つ4

(1) d → ＿＿＿ → f

(2) f → ＿＿＿ → h → i

(3) k → ＿＿＿ → m

(4) p → q → ＿＿＿ → s

(5) t → ＿＿＿ → v

(6) x → y → ＿＿＿

**2** ［大文字と小文字のちがい1］ **次のアルファベットの大文字に合う小文字をえらんで，線でむすびましょう。** (28点) 1つ7

(1) C・　　・c　・a

(2) J・　　・g　・j

(3) P・　　・q　・p

(4) N・　　・n　・m

ふく習《しゅう》のポイント!

- アルファベットの小文字は大文字と同じ 26 こです。
- 4 線の中の 2 線の間に書く文字もあれば，3 線の間に書く文字も，4 線の間すべて使って書く文字もあります。

**3** [大文字と小文字のちがい2] **次《つぎ》のアルファベットの大文字を小文字にして ＿＿ に書きましょう。** (32点) 1 つ 8

(1) A

(2) I

(3) R

(4) Y

**4** [アルファベットの小文字のじゅん番] **次の文字がアルファベットじゅんになるように，線でつなぎましょう。ただし，ななめにつないではいけません。** (16点)

スタート

| | | | | | | | | |
|---|---|---|---|---|---|---|---|---|
| a | b | c | d | e | f | n | o | p |
| b | c | d | e | h | g | m | s | t |
| c | e | d | e | f | h | l | r | u |
| d | e | f | g | j | k | p | q | v |
| f | g | d | h | i | l | o | s | w |
| i | h | k | s | j | m | n | r | x |
| k | i | l | m | n | o | p | q | y |
| l | m | n | o | p | q | w | x | z |

ゴール

# 3 あいさつをしよう！

月　日

〈時間〉20分　〈合かく〉70点　〈とく点〉　/100

答え→べっさつ1ページ

**1** [あいさつ] **次《つぎ》のあいさつにこたえることばを＿＿に書きましょう。うすい文字はなぞりましょう。** (10点) 1つ5

(1)

Hi.

He＿＿＿＿.

(2)

Goodbye.

See ＿＿＿＿.

**2** [気持《きも》ちやじょうたいを表《あらわ》すことば] **次の絵の(1)〜(3)に合うたん語を下の［　］からえらんで，＿＿に書きましょう。** (21点) 1つ7

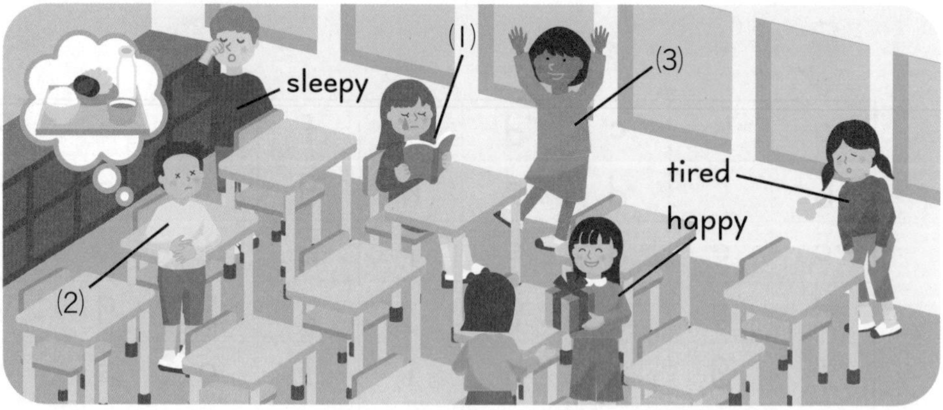


(1) ＿＿＿＿＿＿＿＿

(2) ＿＿＿＿＿＿＿＿

(3) ＿＿＿＿＿＿＿＿

| | | |
|---|---|---|
| fine | hungry | sad |

**ふく習《しゅう》のポイント!**

- 「元気ですか」とたずねるときは How are you? と言います。
- 「わたしは～です」と答えるときは I'm のあとに気《き》持《も》ちやじょうたいを表《あらわ》すことばをつづけます。

**3** [わたしは～です] **次《つぎ》のえい文と絵を線でむすんで，正しい組み合わせにしましょう。** (24点) 1つ8

(1) I'm happy.　　(2) I'm tired.　　(3) I'm sleepy.

たいせつ **4** [まとめ] **次の絵に合うえい文になるように，［　　］からあてはまるたん語《ご》をえらんで，＿＿に書きましょう。** (45点) 1つ9

(1)

まりえ：______.

ボ　ブ：______ you.

(2)

アンナ：How ______ ______?

たくや：______ fine.

| | | | | |
|---|---|---|---|---|
| See | I'm | are | you | Goodbye |

# 4 数えてみよう！

月　日

〈時間〉20分　〈合かく〉70点　〈とく点〉/100

答え→べっさつ2ページ

**1** [くだ物《もの》や野さいを表《あらわ》すことば] **次《つぎ》の絵に合うたん語を(　)から1つえらんで，〇でかこみましょう。** (24点) 1つ6

(1)

( banana , apple )

(2)

( lemon , melon )

(3)

( potato , tomato )

(4)

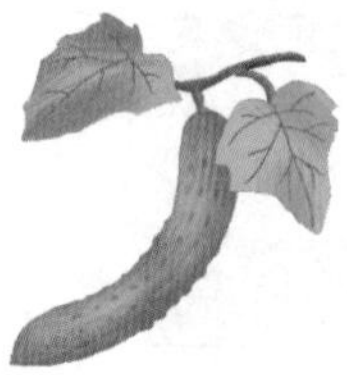

( carrot , cucumber )

**2** [身《み》のまわりのものを表すことば] **次の絵の(1)〜(3)に合うたん語を下の［　］からえらんで，＿＿に書きましょう。** (27点) 1つ9

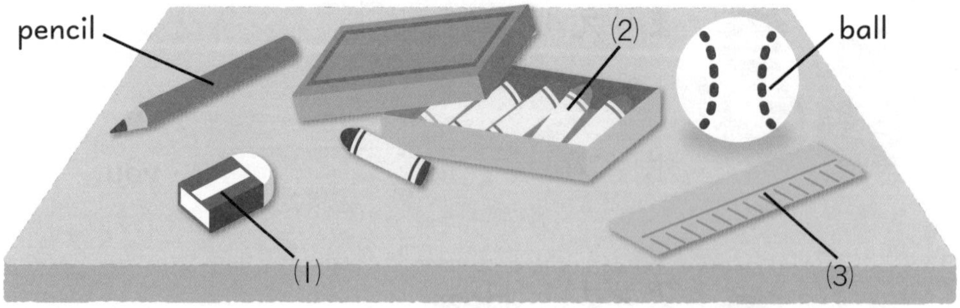


(1) ＿＿＿＿＿＿＿＿

(2) ＿＿＿＿＿＿＿＿

(3) ＿＿＿＿＿＿＿＿

ruler　eraser　crayon

**ふく習《しゅう》のポイント!**

- 「1このリンゴ」はan appleもしくはone apple,「2このリンゴ」はtwo applesと表します。
- 「〜はいくつですか」はHow manyを使《つか》ってたずねます。

**3** [ものの数を表《あらわ》す] 次《つぎ》の絵についてのしつ問《もん》に答える数を下の［　　］からえらんで, ＿＿＿に書きましょう。(27点)1つ9

(1) 

How many apples?

＿＿＿＿＿＿＿＿ apples.

(2) 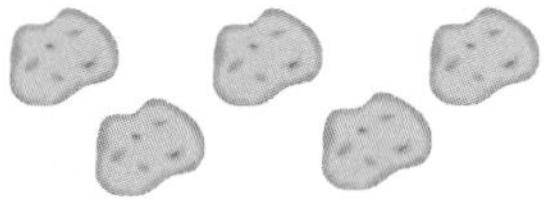

How many potatoes?

＿＿＿＿＿＿＿＿ potatoes.

(3) 

How many balls?

＿＿＿＿＿＿＿＿ balls.

| Two | Three | Five |
|---|---|---|

たいせつ **4** [まとめ] 次の絵に合うえい文になるように, (　)のたん語をならべかえて, ＿＿＿に書きましょう。(22点)1つ11

サ　ラ：( many / How / pencils )?

＿＿＿＿＿＿＿＿＿＿＿＿＿＿＿＿＿＿＿＿?

のぶお：( pencils / Seven ).

＿＿＿＿＿＿＿＿＿＿＿＿＿＿＿＿＿＿＿＿.

# 5 何がすきかな？

月　日

〈時間〉20分

〈合かく〉70点

〈とく点〉　/100

答え→べっさつ2ページ

**1** [色《いろ》を表《あらわ》すことば] 次《つぎ》の絵の(1)～(4)の色を表すたん語を，＿＿に書きましょう。うすい文字はなぞりましょう。(20点) 1つ5

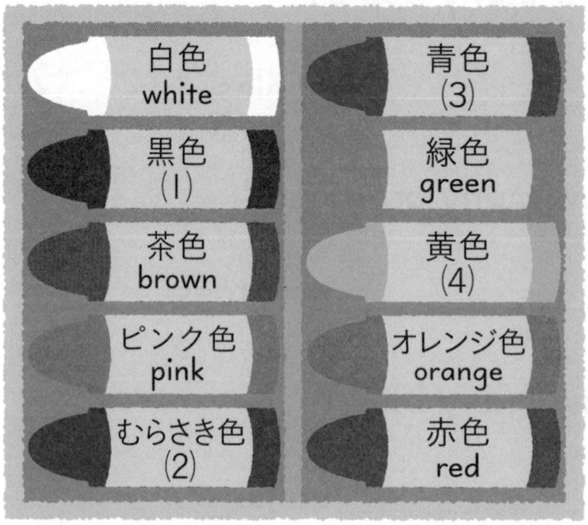


(1) b

(2) p

(3) b

(4) y

**2** [スポーツを表すことば] 次の絵の(1)～(3)に合うたん語を下の□からえらんで，＿＿に書きましょう。(21点) 1つ7

(1)

(2)

(3)

baseball　swimming
basketball

**ふく習《しゅう》のポイント!**

- 「〜がすきですか」は Do you like 〜？と言います。
- 「何の〜がすきですか」とたずねるときは What 〜 do you like? と言い，答えるときは I like 〜. と言います。

**3** ［すきなものをたずねる］ **トムが自こしょうかいをしています。次《つぎ》のしつ問《もん》に対するトムの答えの文を［　］からえらんで，記号で答えましょう。** (27点) 1つ9

すきな色は緑色《みどりいろ》だよ。
きらいな色は赤色。
すきなスポーツは，サッカー！

(1) Do you like red?　(　　)

(2) What color do you like?　(　　)

(3) Do you like soccer?　(　　)

| | |
|---|---|
| ア | Yes, I do. |
| イ | No, I don't. |
| ウ | I like red. |
| エ | I like green. |

たいせつ

**4** ［まとめ］ **次の日本語に合うえい文になるように，(　)からあてはまるたん語をえらんで，＿＿に書きましょう。** (32点) 1つ8

(1) 緑色がすき？

うん，すきだよ。

メグ：Do you ＿＿＿＿＿ green?

りく：＿＿＿＿＿, I do.

( have,　like,　Yes,　No )

(2) どんなスポーツがすき？

ドッジボールがすき。

まな：＿＿＿＿＿ sport do you like?

ボブ：I like ＿＿＿＿＿.

( How,　dodgeball,　What,　baseball )

6

# 仕《し》上《あ》げテスト

月　　日

〈時間〉30分　〈合かく〉70点　〈とく点〉　　/100

答え→べっさつ3ページ

**1** ［アルファベットの大文字と小文字］**次《つぎ》のアルファベットの大文字は小文字に，小文字は大文字になおして＿＿＿に書きましょう。**

（12点）1つ4

(1) c y l e p

(2) M W T D H

(3) X Q S B R

**2** ［あいさつ］**次の絵に合うえい文になるように，下の［　　］からあてはまるえい文をえらんで，＿＿＿に書きましょう。**（12点）1つ6

(1)

ア　ン：Goodbye.

たくみ：＿＿＿

(2)

ボ　ブ：How are you?

り　か：＿＿＿

See you.　　I'm fine.　　Good morning.

**3** [ものの数を表《あらわ》す] 次《つぎ》の絵が「1 こ<u>の</u>リンゴ」のような意味《いみ》になるように，下の［　］からあてはまるたん語を2つずつえらんで，＿＿に書きましょう。（15点）1つ5かん答

(1)

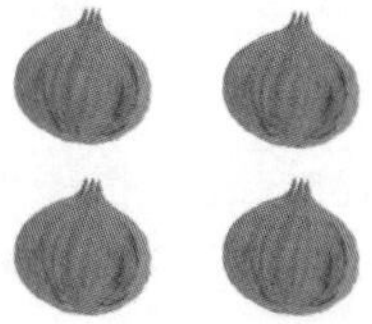

＿＿＿＿＿＿＿＿＿＿

(2)

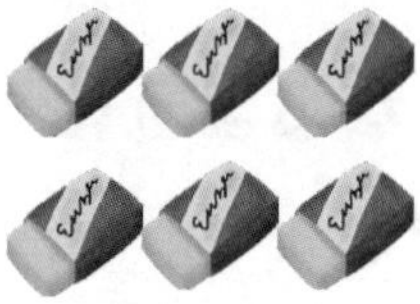

＿＿＿＿＿＿＿＿＿＿

(3)

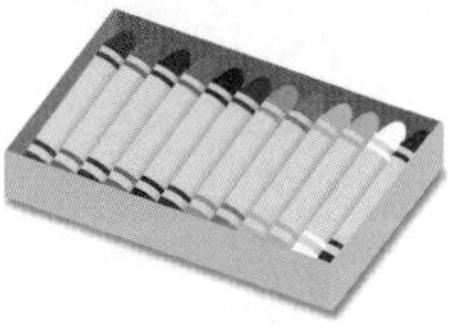

＿＿＿＿＿＿＿＿＿＿

six　　four　　twelve　　erasers　　crayons　　onions

**4** [数をたずねる] 次の日本語に合うえい文になるように，下の［　］からあてはまるたん語をえらんで，＿＿に書きましょう。同じものをくり返《かえ》しえらんでもかまいません。（15点）1つ5

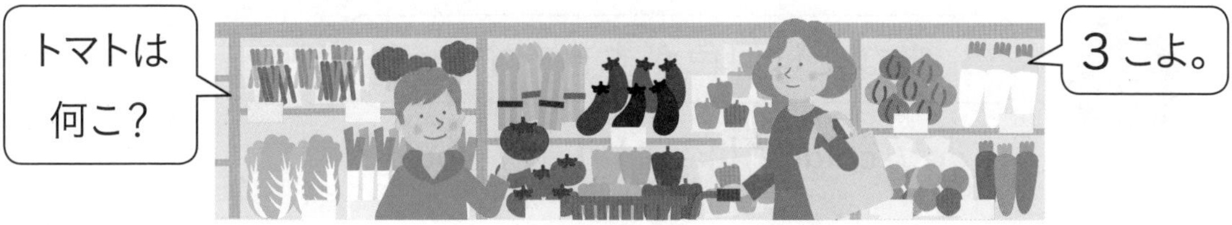


ケビン：＿＿＿＿＿ many ＿＿＿＿＿？

ケビンのお母さん：Three ＿＿＿＿＿.

What　　How　　carrots　　tomatoes

**5** ［スポーツを表《あらわ》すことば］ **次《つぎ》の絵に合うえい文になるように，＿＿に あてはまるたん語を書きましょう。** (14点) 1つ7 かん答

(1) 

I play ＿＿＿＿＿＿＿＿.

(2) 

I ＿＿＿＿＿＿ ＿＿＿＿＿＿＿＿.

**6** ［すきな色《いろ》をたずねる］ **次の日本語に合うえい文になるように，(　) のたん語やふ号をならべかえて，＿＿に書きましょう。** (32点) 1つ8

(1) あなたは茶色がすきですか。

( you / Do / brown / like )?

＿＿＿＿＿＿＿＿＿＿＿＿＿＿＿＿＿＿＿＿＿＿?

(2) いいえ，すきではありません。

( don't / I / No / , ).

＿＿＿＿＿＿＿＿＿＿＿＿＿＿＿＿＿＿＿＿＿＿.

(3) あなたは何色がすきですか。

( do / color / like / What / you )?

＿＿＿＿＿＿＿＿＿＿＿＿＿＿＿＿＿＿＿＿＿＿?

(4) ぼくは白色がすきです。

( like / I / white ).

＿＿＿＿＿＿＿＿＿＿＿＿＿＿＿＿＿＿＿＿＿＿.

3年

# 算数

## はじめに

1年生ではたし算とひき算，2年生ではかけ算を学びました。3年生では，いよいよ4つ目のわり算を学びます。まず，あまりのないわり算を学習《がくしゅう》したあと，あまりのあるわり算も学習します。また，時間や長さ，重《おも》さとともに，小数や分数なども出てくるので，身近《みぢか》なものをイメージしながら学習を進《すす》めていきましょう。

# 1 かけ算

| 月　日 |
| --- |
| 〈時間〉20分 |
| 〈合かく〉80点 |
| 〈とく点〉　　/100 |

答え→べっさつ4ページ

**1** ［かけ算のきまり］ **4のだんのかけ算について答えましょう。**

(6点)1つ3

(1) かける数が1ふえると，答えはいくつ大きくなりますか。

(2) かける数が1へると，答えはいくつ小さくなりますか。

たいせつ **2** ［九九，0のかけ算］ **次《つぎ》の計算をしましょう。** (24点)1つ4

(1) 6×3　　(2) 0×8　　(3) 1×4

(4) 2×0　　(5) 1×1　　(6) 0×0

たいせつ **3** ［かけ算のきまり］ **次の□にあてはまる数を書きましょう。**

(30点)1つ5

(1) 6×8＝6×7＋□　　(2) 9×4＝9×5－□

(3) 3×□＝3×4＋3　　(4) 2×□＝2×9－2

(5) 7×8＝8×□　　(6) 5×2＝2×□

**ふく習《しゅう》のポイント!**

かけ算では，かける数が１ふえると，答えはかけられる数だけ大きくなり，かける数が１へると，答えはかけられる数だけ小さくなります。

たいせつ

**4** ［10のかけ算］ **次《つぎ》の計算をしましょう。** (18点)1つ3

(1) 4×10　　(2) 6×10　　(3) 10×2

(4) 10×9　　(5) 10×1　　(6) 0×10

**5** ［かけ算の問題《もんだい》］ **まとあてゲームをしたときのとく点の取《と》り方を調《しら》べました。** (18点)1つ6

| | | | |
|---|---|---|---|
| 点　数　　（点） | 0 | 5 | 10 |
| あたった数　（回） | 2 | 0 | 3 |
| とく点　　（点） | ㋐ | ㋑ | ㋒ |

(1) ㋐のとく点は何点でしょう。式《しき》を書いてもとめましょう。

（式）　　　　（答え）

(2) ㋑のとく点は何点でしょう。式を書いてもとめましょう。

（式）　　　　（答え）

(3) ㋒のとく点は何点でしょう。式を書いてもとめましょう。

（式）　　　　（答え）

たいせつ

**6** ［かけ算の問題］ **1たば8まいの色紙が10たばあります。色紙は全《ぜん》部《ぶ》で何まいありますか。** (4点)

# 2 わり算

月　日

〈時間〉20分　〈合かく〉80点　〈とく点〉　/100

答え→べっさつ4ページ

**1** ［わり算の意味《いみ》］ 15このおはじきを，3人に同じ数ずつ分けました。1人分は何こになりますか。式《しき》を書いて，答えをもとめましょう。(10点)

(式)　　　　　　(答え)

たいせつ **2** ［わり算］ 次《つぎ》の計算をしましょう。(24点)1つ2

(1) $6\div2$　　(2) $15\div3$　　(3) $20\div5$

(4) $49\div7$　　(5) $48\div8$　　(6) $72\div9$

(7) $4\div4$　　(8) $6\div1$　　(9) $0\div3$

(10) $0\div5$　　(11) $8\div8$　　(12) $9\div1$

たいせつ **3** ［わり算を使《つか》った問題《もんだい》］ 本を，ようたさんは24さつ，ひろしさんは8さつ持っています。ようたさんは，ひろしさんの何倍《なんばい》の本を持っていますか。(10点)

**ふく習《しゅう》のポイント!**

12÷2のわり算では,12をわられる数,2をわる数といいます。わり算では，わる数のだんの九九を使《つか》って，答えをもとめましょう。

たいせつ

**4** [わり算] **次《つぎ》の計算をしましょう。** (36点)1つ3

(1) $80 \div 4$　(2) $60 \div 2$　(3) $60 \div 3$

(4) $40 \div 2$　(5) $50 \div 5$　(6) $90 \div 9$

(7) $64 \div 2$　(8) $84 \div 4$　(9) $66 \div 6$

(10) $48 \div 4$　(11) $93 \div 3$　(12) $86 \div 2$

**5** [わり算を使《つか》った問題《もんだい》] **たかしさんはガムを4こ買いました。代金《だいきん》は80円でした。ガム1このねだんはいくらですか。** (10点)

**6** [わり算を使った問題] **あめが36こあります。3人に同じ数ずつ分けます。1人分のあめの数は何こですか。** (10点)

# 3 たし算とひき算の筆算《ひっさん》

月　日
〈時間〉20分
〈合かく〉80点
〈とく点〉 /100

答え→べっさつ4ページ

たいせつ

**1** [たし算の筆算《ひっさん》] 次《つぎ》の計算をしましょう。(24点)1つ3

(1)
320
+122

(2)
156
+225

(3)
382
+519

(4)
920
+880

(5)
396
+604

(6)
493
+758

(7)
3507
+4916

(8)
2658
+　49

**2** [たし算を使《つか》った問題《もんだい》] こうきさんの学校のじどう数は572人，みほさんの学校のじどう数は690人です。あわせて何人ですか。(13点)

**3** [たし算を使った問題] お店で，370円のチョコレートと，400円のクッキーを買うと，のこったお金は430円になりました。はじめに持《も》っていたお金はいくらですか。(13点)

## ふく習《しゅう》のポイント！

たし算とひき算の筆算《ひっさん》では，一の位《くらい》からじゅんに計算します。くり上がりやくり下がりがあるときは，計算ミスをしないように注意《ちゅうい》しましょう。

たいせつ

**4** [ひき算の筆算] **次《つぎ》の計算をしましょう。** (24点)1つ3

(1) $\begin{array}{r} 278 \\ -153 \\ \hline \end{array}$

(2) $\begin{array}{r} 362 \\ -138 \\ \hline \end{array}$

(3) $\begin{array}{r} 411 \\ -\phantom{00}3 \\ \hline \end{array}$

(4) $\begin{array}{r} 108 \\ -\phantom{0}89 \\ \hline \end{array}$

(5) $\begin{array}{r} 600 \\ -107 \\ \hline \end{array}$

(6) $\begin{array}{r} 542 \\ -535 \\ \hline \end{array}$

(7) $\begin{array}{r} 5406 \\ -2798 \\ \hline \end{array}$

(8) $\begin{array}{r} 7035 \\ -\phantom{00}67 \\ \hline \end{array}$

**5** [ひき算を使《つか》った問題《もんだい》] **どんぐりを，はるきさんは214こ，あかりさんは176こひろいました。どちらが何こ多くひろいましたか。** (13点)

**6** [ひき算を使った問題] **700円を持《も》っておかし屋《や》さんに行き，280円のあめを買いました。次に，くだもの屋さんで370円のいちごを買いました。のこったお金はいくらですか。** (13点)

# 4 大きな数

月　日

〈時間〉20分

〈合かく〉80点

〈とく点〉　／100

答え→べっさつ5ページ

たいせつ **1** [位《くらい》取《ど》り] **15324098について答えましょう。** (15点)1つ5

(1) 5は何の位の数字ですか。

(2) 一万の位の数字は何ですか。

(3) 15324098を漢《かん》字《じ》になおしましょう。

**2** [数の表《あらわ》し方] **次《つぎ》の数を数字で書きましょう。** (25点)1つ5

(1) 二万五千九百四十一

(2) 六千四百五十五万

(3) 七千五十六万二千九百八十三

(4) 100万を4こ，10万を2こ，1000を7こ，100を3こあわせた数

(5) 99999999より1大きい数

ふく習《しゅう》のポイント！

一，十，百，千，一万，十万，百万，千万，一億《おく》と，位《くらい》が１つ上がるごとに，10倍《ばい》の大きさの数になります。数の大きさをくらべるときは，まず何の位まであるかたしかめましょう。

たいせつ **3** ［数直線《すうちょくせん》］ **下の数直線で，㋐，㋑，㋒の数を書きましょう。**

（18点）1つ6

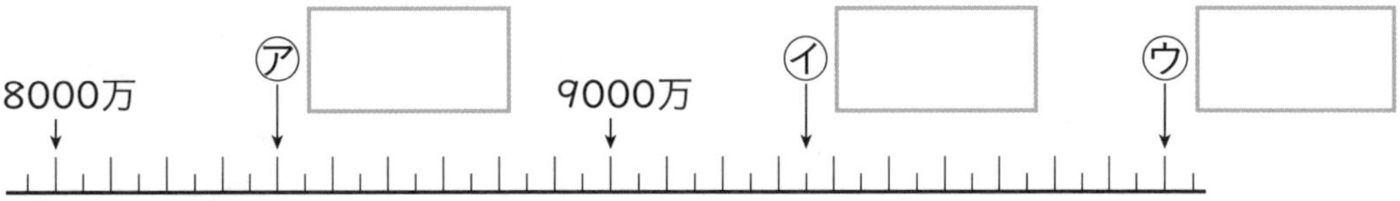


**4** ［数の大小］ **次《つぎ》の□にあてはまる等号《とうごう》か不《ふ》等号《とうごう》を書きましょう。** （10点）1つ5

⑴ 450000 □ 405000

⑵ 10000 □ 3000＋7000

**5** ［10倍《ばい》，100倍，1000倍，10でわった数］ **次の数をもとめましょう。** （20点）1つ5

⑴ 32400の10倍の数

⑵ 672の100倍の数

⑶ 51の1000倍の数

⑷ 90800を10でわった数

たいせつ **6** ［10でわった数の問題《もんだい》］ **10さつで980円のノートのたばがあります。1さつのねだんはいくらですか。** （12点）

# 5 時間と長さ

月　日

〈時間〉20分

〈合かく〉80点

〈とく点〉　/100

答え→べっさつ6ページ

たいせつ

**1** ［時こく］ **右の時計の時こくは6時22分です。次《つぎ》の問《と》いに答えましょう。** (21点)1つ7

(1) 30分たつと，何時何分ですか。

(2) 45分たつと，何時何分ですか。

(3) 50分前の時こくは，何時何分ですか。

**2** ［時間の計算］ **さおりさんは，午後2時45分から午後4時10分まで宿題《しゅくだい》をしました。かかった時間は何時間何分ですか。** (14点)

**3** ［時間の計算］ **お昼の放送《ほうそう》で，1曲《きょく》目《め》に4分35秒《びょう》の歌を，2曲目に3分20秒の歌をかけます。歌の間を5秒あけると，1曲目のはじめから2曲目が終《お》わるまで，何分かかりますか。** (15点)

## ふく習《しゅう》のポイント！

時間のたんいは，1時間＝60分，1分＝60秒《びょう》。長さのたんいは，1km ＝ 1000m。また，道にそった長さを「道のり」，まっすぐにはかった長さを「きょり」ということを，理かいしましょう。

たいせつ **4** ［長さのたんい］ **次《つぎ》の□の中に，あてはまるたんいを書きましょう。** (18点)1つ6

(1) 算数の教科書のたての長さ ……… 26 □

(2) 1時間に自転車《じてんしゃ》で進《すす》む道のり …… 12 □

(3) 校庭《こうてい》1しゅうの道のり …………… 200 □

**5** ［長さのたんい］ **次の□の中に，あてはまる数を書きましょう。**

(14点)1つ7

(1) 4000m＝□km　　(2) 6km50m＝□m

**6** ［きょりと道のり］ **右の図は，しんじさんの家の近くを表《あらわ》したものです。** (18点)1つ9

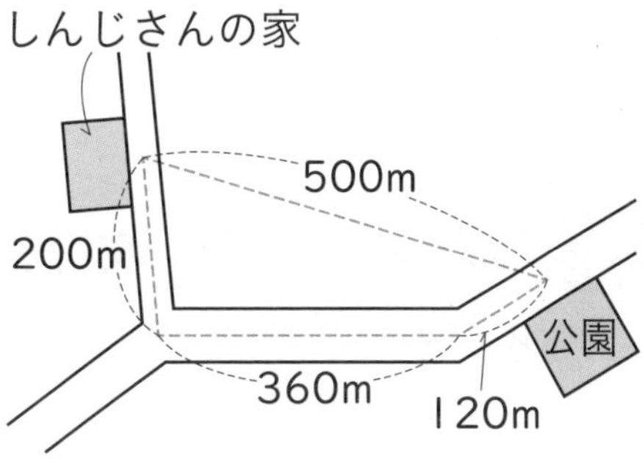


(1) しんじさんの家から公園までの道のりは何mですか。

(2) しんじさんの家から公園までの道のりときょりとでは，どちらが何m長いですか。

月　日

〈時間〉25分　〈合かく〉80点　〈とく点〉　/100

# 6 あまりのあるわり算

答え→べっさつ6ページ

**1** [あまりのあるわり算] **次《つぎ》の□の中にあてはまる数を書きましょう。** (12点)1つ3

(1) 12÷5=2 あまり □

(2) 27÷6=4 あまり □

(3) 43÷7=□ あまり □

(4) 50÷9=□ あまり □

たいせつ **2** [わる数とあまりの数] **次のわり算のまちがいをなおしましょう。** (9点)1つ3

(1) 29÷6=5 あまり 1　　(2) 54÷9=5 あまり 9

(3) 37÷4=8 あまり 5

**3** [あまりのあるわり算] **次の計算をしましょう。** (36点)1つ3

(1) 8÷3　　(2) 5÷4　　(3) 19÷5

(4) 13÷2　　(5) 40÷6　　(6) 53÷7

(7) 29÷9　　(8) 67÷7　　(9) 26÷3

(10) 47÷6　　(11) 71÷8　　(12) 38÷9

**ふく習《しゅう》のポイント!**

わり算のあまりは，わる数よりもかならず小さくなるとおぼえておきましょう。文章《ぶんしょう》の問題《もんだい》では，あまりをどうするかもよく考えましょう。

たいせつ

**4** 〔わり算のたしかめ〕 **次《つぎ》の計算をしましょう。答えのたしかめもしましょう。** (8点)1つ4

(1) 22÷8

(たしかめ)

(2) 61÷9

(たしかめ)

**5** 〔わり算を使《つか》った問題〕 **いちごが30こあります。4人で同じ数ずつ分けると，1人分は何こになって，何こあまりますか。** (11点)

たいせつ

**6** 〔わり算を使った問題〕 **70mのリボンを9mずつ切りました。9mのリボンは何本できますか。** (12点)

**7** 〔わり算を使った問題〕 **43人の子どもが，長いす1きゃくに5人ずつすわります。みんながすわるには，長いすは何きゃくいりますか。** (12点)

# 7 かけ算の筆算《ひっさん》 ①

月　日

〈時間〉25分
〈合かく〉80点
〈とく点〉
/100

答え→べっさつ7ページ

**1** [何十・何百のかけ算] **次《つぎ》の計算をしましょう。** (18点)1つ3

(1) 30×2　　(2) 20×4　　(3) 40×7

(4) 200×3　　(5) 100×8　　(6) 500×9

**2** [(2けた)×(1けた)の筆算《ひっさん》] **右のかけ算の筆算について，次の□にあてはまる数を書きましょう。** (12点)1つ6

(1) 一の位《くらい》の計算

2×□の答え□を，㋐に書く。

(2) 十の位の計算

2×□の答え□を，㋑に書く。

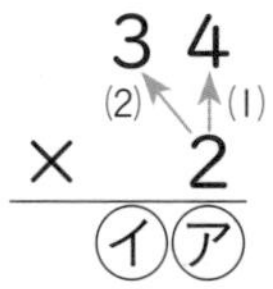


たいせつ

**3** [(2けた)×(1けた)の筆算] **次の計算をしましょう。** (24点)1つ3

(1) $\begin{array}{r} 12 \\ \times\ \ 2 \\ \hline \end{array}$　(2) $\begin{array}{r} 31 \\ \times\ \ 3 \\ \hline \end{array}$　(3) $\begin{array}{r} 25 \\ \times\ \ 3 \\ \hline \end{array}$　(4) $\begin{array}{r} 19 \\ \times\ \ 5 \\ \hline \end{array}$

(5) $\begin{array}{r} 41 \\ \times\ \ 7 \\ \hline \end{array}$　(6) $\begin{array}{r} 80 \\ \times\ \ 6 \\ \hline \end{array}$　(7) $\begin{array}{r} 29 \\ \times\ \ 4 \\ \hline \end{array}$　(8) $\begin{array}{r} 67 \\ \times\ \ 6 \\ \hline \end{array}$

**ふく習《しゅう》のポイント！**

かけ算の筆算《ひっさん》では，位《くらい》をそろえて書き，一の位からじゅんに計算します。上の位にくり上がった数も，わすれずに計算しましょう。

たいせつ

**4** ［（3けた）×（1けた）の筆算］ **次《つぎ》の計算をしましょう。**（24点）1つ3

(1) $143 \times 2$

(2) $205 \times 4$

(3) $314 \times 7$

(4) $496 \times 5$

(5) $389 \times 6$

(6) $690 \times 3$

(7) $127 \times 9$

(8) $825 \times 8$

**5** ［かけ算を使《つか》った問題《もんだい》］ **128ページの本が4さつあります。全部《ぜんぶ》で何ページですか。**（10点）

たいせつ

**6** ［かけ算を使った問題］ **ポットに入っている麦茶を，85 mL入るコップで3ばい飲《の》んだら，のこりは300 mLになりました。はじめに麦茶は何mLありましたか。**（12点）

# 8 表《ひょう》とぼうグラフ

月　日

〈時間〉25分　〈合かく〉80点　〈とく点〉 /100

答え → べっさつ7ページ

**1** [表《ひょう》を読む] **3年1組で，すきなくだものを1人が1つずつえらんだら，右の表のようになりました。** (30点)1つ10

| | |
|---|---|
| りんご | 正丅 |
| いちご | 正正丅 |
| バナナ | 正一 |
| すいか | 正止 |
| みかん | 丅 |

(1) すきな人がいちばん多いくだものは，何ですか。

(2) すいかがすきな人は何人ですか。

(3) 3年1組は，全部《ぜんぶ》で何人ですか。

**2** [グラフのかき方] **おかしのねだんの表があります。これをぼうグラフにかきます。** (20点)1つ10

| しゅるい | チョコレート | クッキー | キャラメル | ガム |
|---|---|---|---|---|
| ねだん | 80円 | 60円 | 50円 | 20円 |

(1) 右のグラフの□にあてはまることばや数字を書きましょう。

(2) 上のおかしのねだんの表を，ぼうグラフにかきましょう。

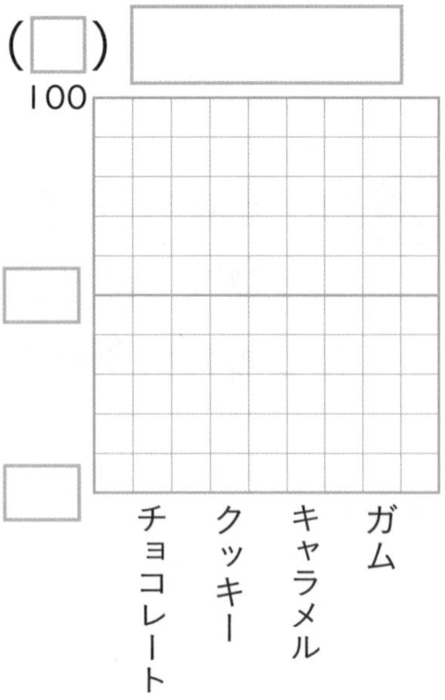


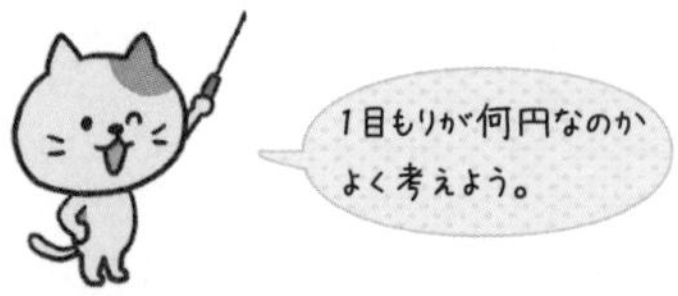

**ふく習《しゅう》のポイント!**

ぼうグラフをかくときは，ぼうの先がどの目もりにあるのか，はっきりわかるようにかきましょう。ぼうグラフを読むときは，1目もりがいくらを表《あらわ》しているかに注意《ちゅうい》しましょう。

たいせつ

**3** [グラフをかく] **下の，乗《の》り物《もの》調《しら》べの表《ひょう》を，ぼうグラフにかきましょう。数の少ないものは，「その他《た》」にまとめてかきましょう。**(20点)

| 乗り物 | 台数(台) | 乗り物 | 台数(台) |
|---|---|---|---|
| タクシー | 3 | バイク | 8 |
| 自家用車 | 12 | トラック | 1 |
| 自転車《じてんしゃ》 | 5 | きゅう急車《きゅうしゃ》 | 1 |

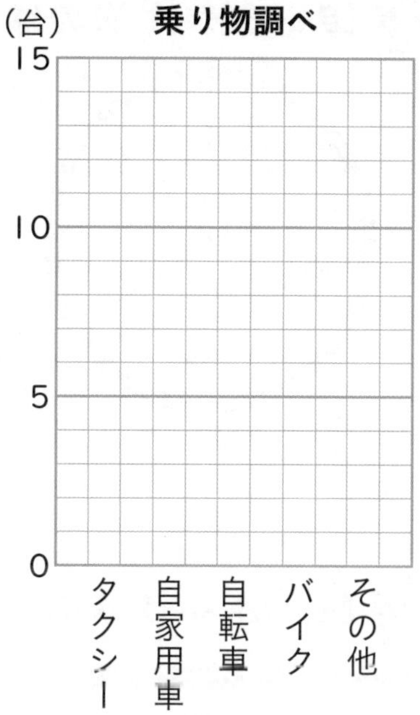


**4** [グラフの問題《もんだい》] **下のグラフは，4人のソフトボール投《な》げのきょりを表したものです。**(30点)1つ10

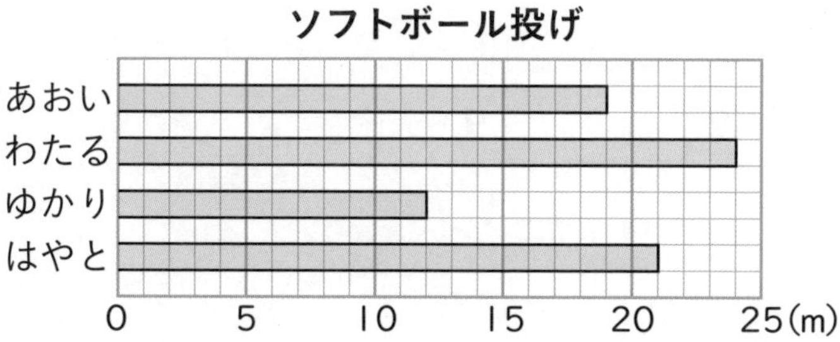


(1) 20mより遠くへ投げた人は何人いますか。

(2) あおいさんとはやとさんとでは，どちらがどれだけ遠くへ投げましたか。

(3) ゆかりさんの2倍《ばい》のきょりを投げたのは，だれですか。

# 重《おも》さ

月　日

〈時間〉25分　〈合かく〉80点　〈とく点〉　／100

答え→べっさつ8ページ

## 1 ［目もりを読む］ 次《つぎ》のはかりの目もりを読みましょう。（15点）1つ5

(1)

(2)

(3)

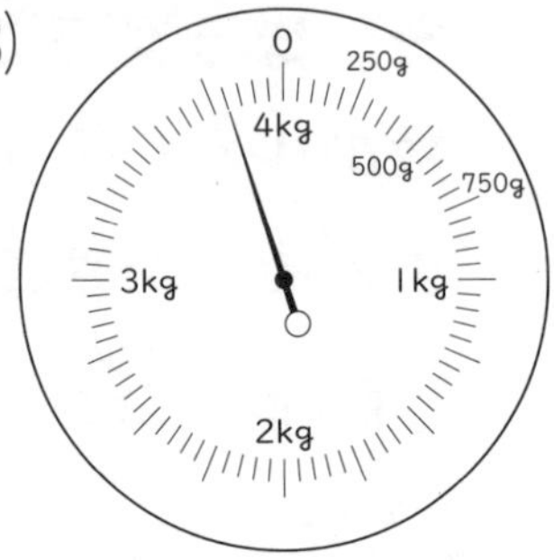


## 2 ［重《おも》さのたんい］ 次の□にあてはまる数を書きましょう。

たいせつ

（20点）1つ5

(1) 2kg＝□g

(2) 4000kg＝□t

(3) 6kg700g＝□g

(4) 9230g＝□kg□g

## 3 ［重さの計算］ 次の計算をしましょう。（20点）1つ5

(1) 5kg＋7kg

(2) 800g＋4kg300g

(3) 1kg600g－200g

(4) 3kg500g－1kg

**ふく習《しゅう》のポイント！**

重《おも》さのたんいは，kg(キログラム)とg(グラム)とt(トン)で，1kg＝1000g，1t＝1000kgです。重さを計算するときは，同じたんいどうしを計算します。

たいせつ

**4** [重さのたんい] **次《つぎ》の□にあてはまるたんいを書きましょう。**

(15点) 1つ5

(1) ぞうの体重《たいじゅう》……………………… 3 □

(2) かんジュースの重さ ………… 370 □

(3) 1円玉1000こ分の重さ ……… 1 □

**5** [メートル法] **次の□にあてはまる数を書きましょう。**

(10点) 1つ5

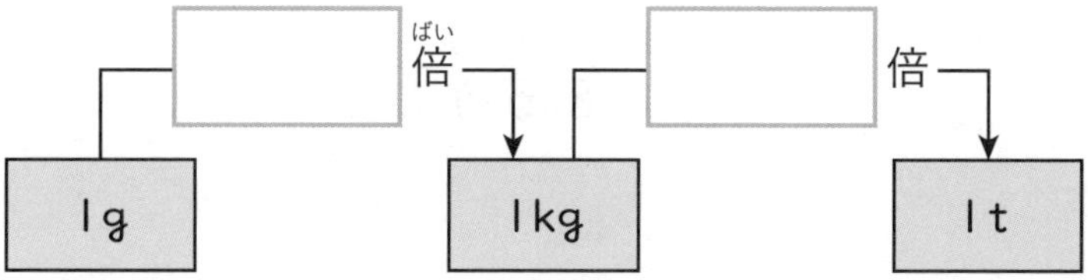


**6** [重さを使《つか》った問題《もんだい》] **みどりさんの体重は25 kgです。赤ちゃんをだいて体重計に乗《の》ったら，目もりは31 kgでした。赤ちゃんの体重は何 kgですか。** (10点)

**7** [重さを使った問題] **1こ300gのりんご4こを100gのお皿《さら》にのせてはかったら，全体《ぜんたい》の重さは何 kg何gになりますか。** (10点)

# 10 かけ算の筆算《ひっさん》 ②

月　日

〈時間〉25分

〈合かく〉80点

〈とく点〉　／100

答え→べっさつ8ページ

**1** [何十をかけるかけ算] **次《つぎ》の計算をしましょう。** (18点)1つ3

(1) 12×30　　(2) 24×20　　(3) 30×40

(4) 45×70　　(5) 67×80　　(6) 50×60

**2** [まちがいさがし] **次の計算のまちがいをなおして，正しい答えをもとめましょう。** (6点)1つ3

(1)

```
  73
 ×46
 438
 292
 730
```

(2)

```
   35
  ×28
 2440
 610
 8540
```

たいせつ **3** [(2けた)×(2けた)の筆算《ひっさん》] **次の計算をしましょう。** (32点)1つ4

(1)

```
  31
 ×57
```

(2)

```
  72
 ×19
```

(3)

```
  94
 ×32
```

(4)

```
  40
 ×83
```

(5)

```
  57
 ×60
```

(6)

```
  58
 ×97
```

(7)

```
  25
 ×84
```

(8)

```
  79
 ×78
```

**ふく習《しゅう》のポイント!**

たとえば23×34は, 23×4=92, 23×30=690→92+690=782のように, 34を一の位《くらい》と十の位に分けてかけてからたします。かけられる数が3けたになっても同じです。

たいせつ

**4** [(3けた)×(2けた)の筆算《ひっさん》] **次《つぎ》の計算をしましょう。**(24点)1つ4

(1)
```
  145
×  32
```

(2)
```
  341
×  15
```

(3)
```
  284
×  36
```

(4)
```
  513
×  60
```

(5)
```
  604
×  57
```

(6)
```
  980
×  15
```

**5** [かけ算を使《つか》った問題《もんだい》] **ロールケーキを1本作るのに，こなが95gいります。12本作るとき，こなは何kg何gいりますか。**(10点)

**6** [かけ算を使った問題] **1さつ115円のノートを21さつ買います。いくらはらえばよいですか。**(10点)

# 11 三角形，円と球《きゅう》

| 月 | 日 |
|---|---|

〈時間〉25分　〈合かく〉80点　〈とく点〉　／100

答え→べっさつ9ページ

**1** [三角形] **次《つぎ》の三角形の名前を書きましょう。** (21点)1つ7

(1)

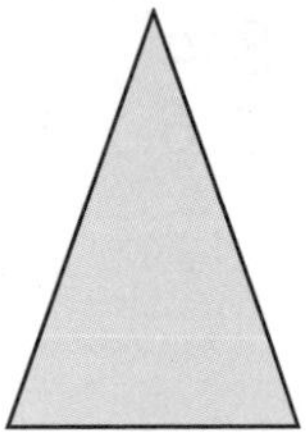

(2)

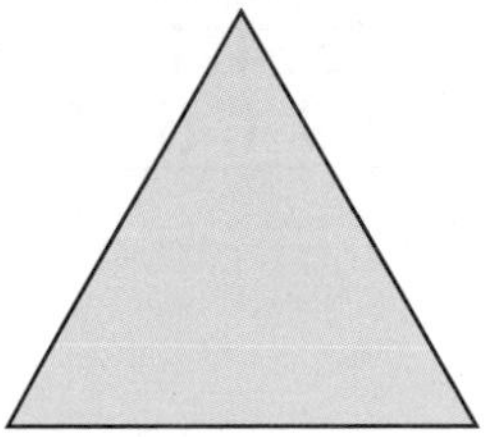

(3)

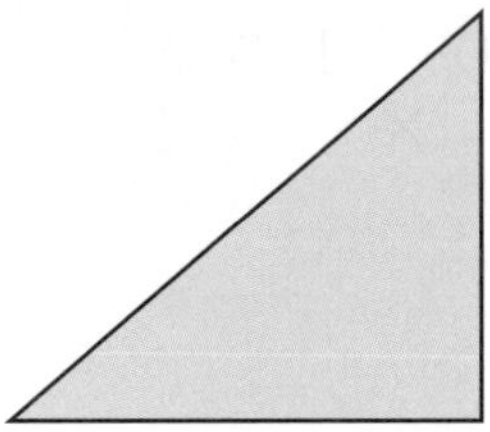

**2** [角の大きさ] **次のア，イ，ウの角を大きいじゅんに書きましょう。**

(10点)

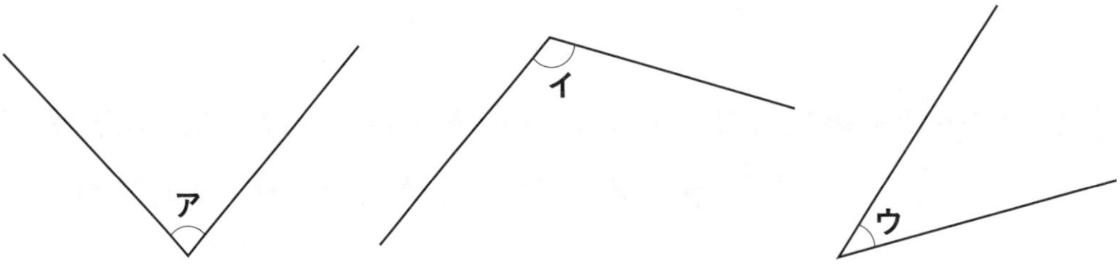


たいせつ **3** [円の直径《ちょっけい》と半径] **右の円を見て，次の問《と》いに答えましょう。** (21点)1つ7

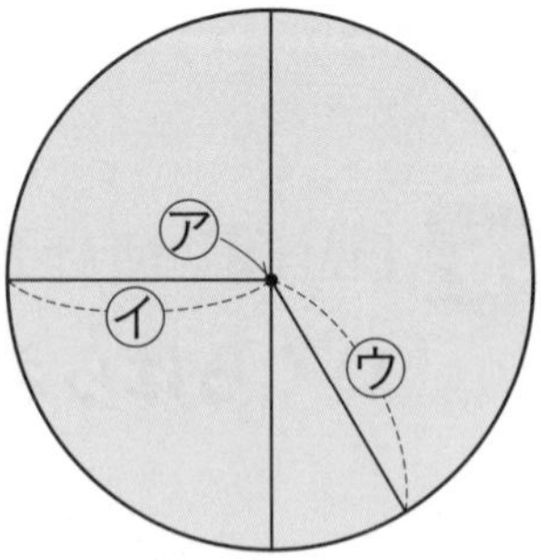


(1) ㋐を何といいますか。

(2) ㋑を何といいますか。

(3) ㋒の長さが5cmのとき，この円の直径は何cmですか。

**ふく習《しゅう》のポイント！**

二等辺三角形《にとうへんさんかくけい》は2つの辺の長さが等《ひと》しい三角形，正三角形は3つの辺の長さがすべて等しい三角形，直角のある三角形は直角三角形です。円，球《きゅう》の半径《はんけい》は直径《ちょっけい》の半分です。

**4** ［球の直径と半径］ **下の図のように，同じ大きさの球が8こ，箱《はこ》にきちんと入っています。** (16点)1つ8

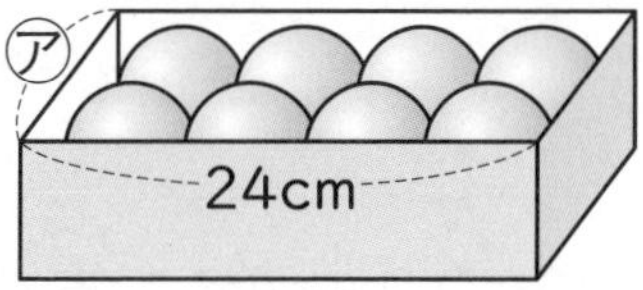


(1) 球の半径は何cmですか。

(2) ㋐の長さは何cmですか。

**5** ［三角じょうぎ］ **1組の三角じょうぎがあります。** (16点)1つ8

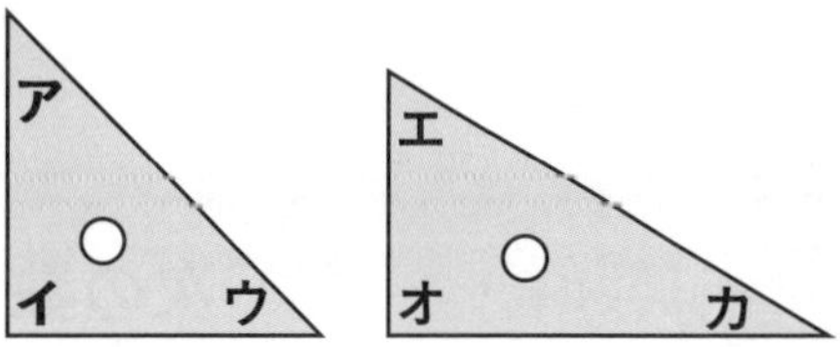


(1) **ア**と同じ大きさの角はどれですか。

(2) **イ**と同じ大きさの角はどれですか。

**6** ［三角形と円のかき方］ **次《つぎ》の三角形や円をかきましょう。** (16点)1つ8

(1) 辺の長さが4cm，3cm，3cmの二等辺三角形

(2) 半径が2cmの円

# 12 小数と分数

月　日

〈時間〉25分
〈合かく〉80点
〈とく点〉　／100

答え→べっさつ9ページ

たいせつ

**1** [小数] **次《つぎ》の数を書きましょう。** (12点)1つ4

(1) 1を8こと，0.1を3こあわせた数

(2) 0.1を47こ集《あつ》めた数

(3) 一の位《くらい》が2で，小数第《しょうすうだいいち》1位《い》が9の数

**2** [数としての分数] **次の数を書きましょう。** (12点)1つ4

(1) $\frac{1}{6}$を3こ集めた数

(2) $\frac{1}{4}$を7こ集めた数

(3) $\frac{1}{5}$を5こ集めた数

**3** [数直線《すうちょくせん》] **次の数直線で，㋐と㋑にあたる小数を書きましょう。また，㋒と㋓にあたる分数を書きましょう。** (16点)1つ4

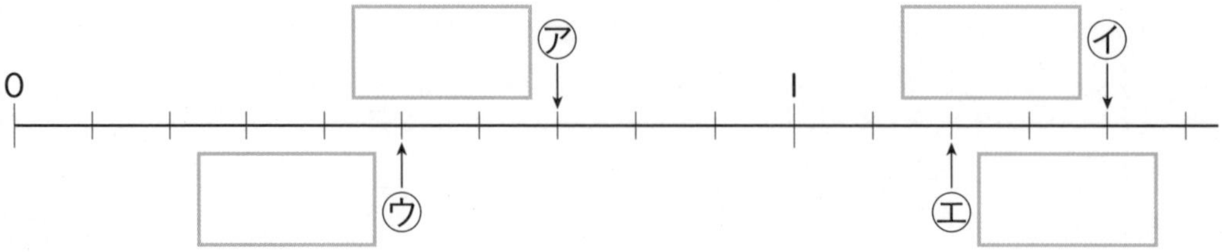

## ふく習《しゅう》のポイント！

整数《せいすう》+小数や，整数－小数を計算するときは，整数の小数第1《しょうすうだいいち》位《い》を0として計算します。たとえば，5は5.0と考えます。
$\frac{\triangle}{\bigcirc}$の○を分母，△を分子といいます。

たいせつ

**4** [小数と分数の大小] **次《つぎ》の□にあてはまる等号《とうごう》や不等号《ふとうごう》を書きましょう。** (16点)1つ4

(1) 0.4 □ 0.5　　(2) 1.1 □ 0.9

(3) $\frac{1}{3}$ □ $\frac{2}{3}$　　(4) $\frac{8}{10}$ □ 0.8

**5** [小数の計算] **次の計算をしましょう。** (28点)1つ4

(1) 0.7＋0.1　　(2) 1.8＋0.2

(3) 1.7－0.9　　(4) 2－0.4

(5) $\begin{array}{r} 3.4 \\ +\ 5.9 \\ \hline \end{array}$　　(6) $\begin{array}{r} 7.3 \\ -\ 2.8 \\ \hline \end{array}$　　(7) $\begin{array}{r} 1.6 \\ +\ 6.4 \\ \hline \end{array}$

**6** [分数の計算] **次の計算をしましょう。** (16点)1つ4

(1) $\frac{2}{6}+\frac{3}{6}$　　(2) $\frac{6}{7}+\frac{1}{7}$

(3) $\frac{4}{5}-\frac{1}{5}$　　(4) $1-\frac{1}{3}$

# 13 □を使《つか》った式

月　日

〈時間〉25分　〈合かく〉80点　〈とく点〉　/100

答え→べっさつ10ページ

たいせつ **1** [わからない数] **公園にハトが13羽いました。そこにハトが何羽かとんできたので，ハトは全部《ぜんぶ》で19羽になりました。**

(20点)1つ5

(1) 上の話を図に表《あらわ》しました。数がわからないのは**ア**，**イ**，**ウ**のどれですか。

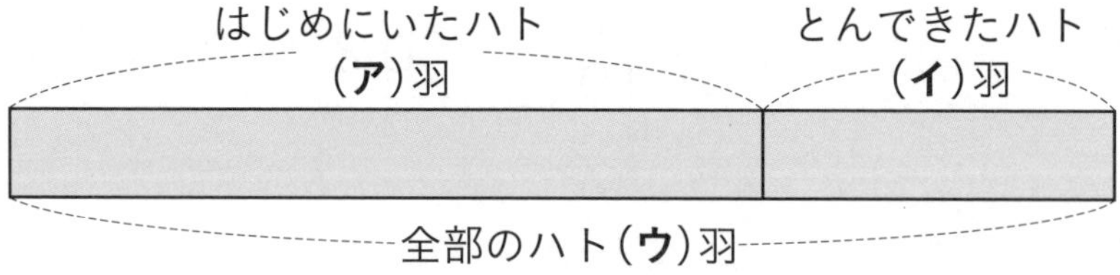


(2) 上の図を，ことばの式《しき》に表しました。次《つぎ》の□にあてはまることばを書きましょう。

はじめにいたハト＋□＝□

(3) わからない数を□として，式に表しましょう。

(4) とんできたハトは何羽ですか。

**2** [わからない数] **クッキーが35こありました。みんなでクッキーを何こか食べたので，のこりは17こになりました。**

(20点)1つ10

(1) わからない数を□として，式に表しましょう。

(2) 食べたクッキーは何こですか。

**ふく習《しゅう》のポイント!**

□を使《つか》ったたし算の式《しき》で，□にあてはまる数をもとめるには，式をひき算にかえるともとめることができます。たとえば，3+□=7は，□=7−3にします。

**3** ［□を使ってとく問題《もんだい》］ **ゆきさんはえん筆《ぴつ》を18本持《も》っていました。かなさんに何本かもらったので，全部《ぜんぶ》で29本になりました。**

(20点)1つ10

(1) わからない数を□として，式に表《あらわ》しましょう。

(2) かなさんにもらったえん筆は何本ですか。

**4** ［□を使ってとく問題］ **たかしさんは560円持っていました。おり紙を買ったので，のこりは340円になりました。** (20点)1つ10

(1) わからない数を□として，式に表しましょう。

(2) おり紙の代金《だいきん》は何円ですか。

**5** ［□を使ってとく問題］ **ケーキが同じ数ずつ入った箱《はこ》が4箱あります。ケーキは全部で24こありました。** (20点)1つ10

(1) わからない数を□として，式に表しましょう。

(2) 1つの箱に入っているケーキは何こですか。

# 14 問題《もんだい》の考え方

月　　日

〈時間〉25分

〈合かく〉70点

〈とく点〉　　／100

答え→べっさつ11ページ

**1** [わり算の問題《もんだい》] 24このボールを，4こずつかごに入れました。かごは，まだ3このこっています。かごは，全部《ぜんぶ》で何こありますか。(10点)

たいせつ **2** [何倍《なんばい》の問題] 水とうとペットボトルとコップがあります。コップには2dLの水が入り，ペットボトルにはコップの3倍，水とうにはペットボトルの2倍の水が入ります。水とうには，水が何dL入りますか。(10点)

たいせつ **3** [ひき算とかけ算の問題] あき子さんは25円の消《け》しゴムを5こ，たつやさんは58円の色えん筆《ぴつ》を5本買いました。どちらがいくら多くはらいましたか。(10点)

**4** [たし算の問題] 広場に自転車《じてんしゃ》が何台かありました。そのうち13台出て，5分後に8台出ていったので，のこりは29台になりました。はじめに何台ありましたか。(10点)

**ふく習《しゅう》のポイント!**

文章《ぶんしょう》の問題《もんだい》は，どんなじゅんじょで計算していくとよいかをよく考えます。わからないときは，図をかいてみるとよいでしょう。

**5** [かけ算とわり算の問題] **3人の子どもに，あめを3こずつ配《くば》ります。1こ何円のあめなら，みんなで72円になりますか。** (15点)

たいせつ **6** [間の数] **道にそって，8mごとにさくらの木が植《う》えてあります。くみさんは，1本目から11本目まで歩きました。くみさんは，何m歩きましたか。** (15点)

**7** [間の数] **1しゅう36mのまるい花だんのまわりに，くいを9本打《う》ちたいと思います。くいとくいの間は何mにすればよいですか。** (15点)

たいせつ **8** [テープの長さ] **150cmと200cmの2本のテープをつないだら，全体《ぜんたい》の長さが330cmになりました。テープのつなぎ目の長さは何cmですか。** (15点)

15

# 仕《し》上《あ》げテスト

月　日

〈時間〉30分

〈合かく〉80点

〈とく点〉　/100

答え→べっさつ11ページ

## 1 [計算問題《もんだい》] 次《つぎ》の計算をしましょう。(24点)1つ2

(1) 42÷6　　(2) 55÷5　　(3) 38÷8

(4) 500×8　　(5) 48÷6　　(6) 79÷8

(7) $\begin{array}{r} 2854 \\ +\,6871 \\ \hline \end{array}$　　(8) $\begin{array}{r} 4962 \\ -\,2568 \\ \hline \end{array}$　　(9) $\begin{array}{r} 513 \\ \times\quad 8 \\ \hline \end{array}$

(10) $\begin{array}{r} 94 \\ \times 39 \\ \hline \end{array}$　　(11) $\begin{array}{r} 17 \\ \times 89 \\ \hline \end{array}$　　(12) $\begin{array}{r} 762 \\ \times\ 43 \\ \hline \end{array}$

## 2 [大きな数] 次の数を数字で書きましょう。(6点)1つ2

(1) 三万千七十九

(2) 1万を4こ，1000を8こ，1を5こあわせた数

(3) 1381の100倍《ばい》の数

**3** ［時間の計算］ **ゆうなさんは，家を2時30分に出て，10分後に本屋《ほんや》さんに着《つ》きました。本屋さんで5分間買《か》い物《もの》をして，それから20分後におばあさんの家に着きました。おばあさんの家に着いたのは何時何分ですか。**（9点）

**4** ［長さのたんい］ **次《つぎ》の□の中に，あてはまる数を書きましょう。**

（12点）1つ4

⑴ 2km400m＝□m　⑵ 8000m＝□km

⑶ 600m＋900m＝□km□m

**5** ［グラフの問題《もんだい》］ **右のぼうグラフは，あつしさんの家からの道のりを表《あらわ》したものです。**（10点）1つ5

あつしの家からの道のり

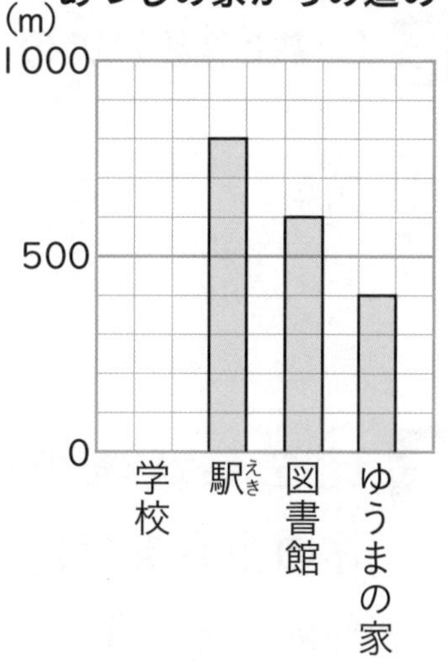


⑴ あつしさんの家から学校までの道のりは400mです。ぼうグラフにかきましょう。

⑵ ゆうまさんは家を出て，あつしさんの家へよってから，図書館《としょかん》へ行きました。ゆうまさんは何m歩きましたか。

**6** [重《おも》さを使《つか》った問題《もんだい》] **350g入ったさとうのふくろが6こあります。200gの箱《はこ》に入れてはかったら，全体の重さは何kg何gになりますか。** (9点)

**7** [円と三角形] **右の図のように，半径《はんけい》4cmの円の中に，2つの三角形があります。**

(10点)1つ5

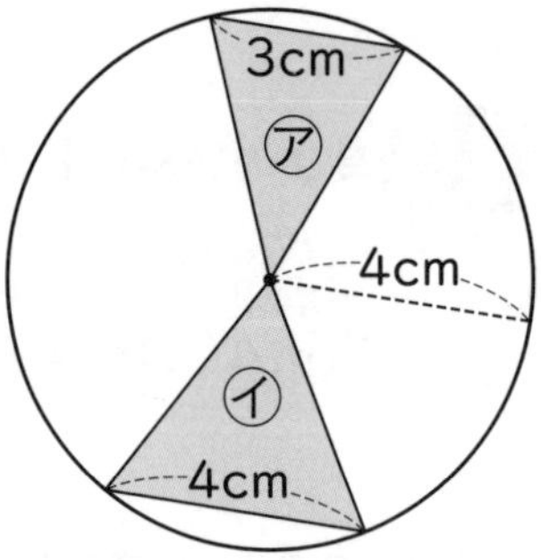


(1) ㋐の三角形の名前を書きましょう。

(2) ㋑の三角形の名前を書きましょう。

**8** [小数と分数] **次《つぎ》の□にあてはまる不等号《ふとうごう》を書きましょう。**

(10点)1つ5

(1) 0.4 □ 1.4　　(2) 0.7 □ $\frac{6}{10}$

**9** [□を使ってとく問題] **重さが200gの皿《さら》にぶどうをのせて，全《ぜん》体《たい》の重さをはかったら，1kg700gでした。ぶどうの重さは何kg何gですか。わからない数を□として考えましょう。** (10点)

# 3年 社会

## はじめに

3年生の社会では，わたしたちの身近《みぢか》な地いきや市町村のようすについて学びます。地図記号《きごう》や方位《ほうい》など，地図のきまりを学習《がくしゅう》し，市のようすを地図から読み取《と》ります。スーパーマーケットや農業《のうぎょう》や工場ではたらく人々の仕事《しごと》や，わたしたちのくらしがどのように火《か》事《じ》や事こから守《まも》られているかについても学びます。また，市の人口や土地のようすが，どのようにうつりかわっているのか，昔《むかし》と今をくらべてみましょう。

# 1 地図のきまり

月　日

〈時間〉20分　〈合かく〉80点　〈とく点〉/100

答え→べっさつ12ページ

たいせつ **1** [絵地図の読み取《と》り] **次《つぎ》の絵地図を見て，あとの問いに答えましょう。**

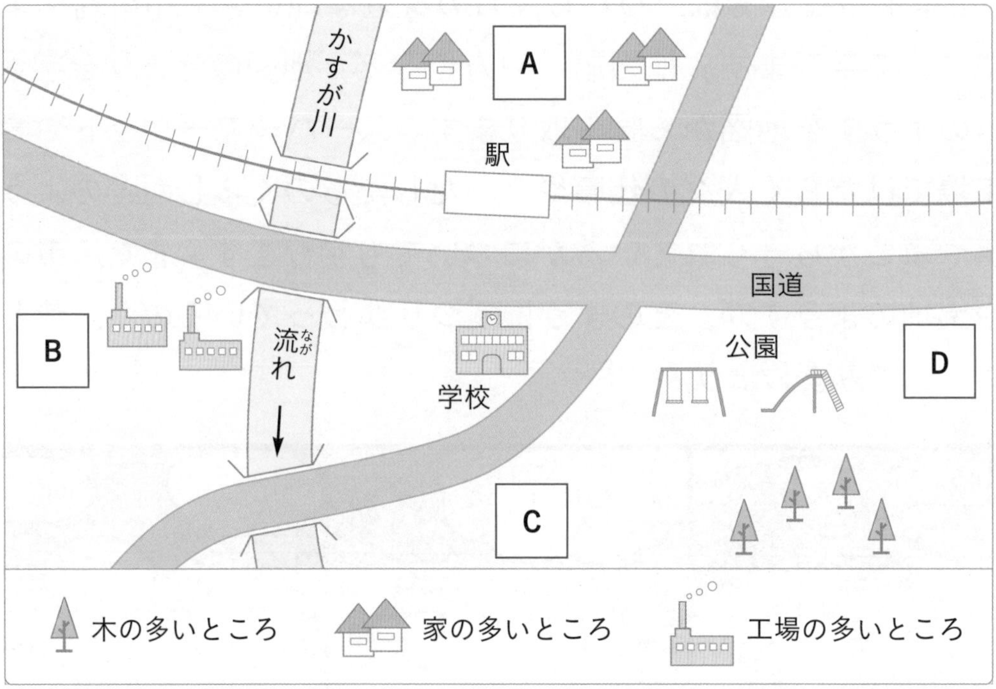


⑴ 上の絵地図の学校から**A**～**D**を見たとき，**A**～**D**にあてはまる方位《ほうい》(東，西，南，北)を答えましょう。(20点)1つ5

**A**(　　) **B**(　　) **C**(　　) **D**(　　)

⑵ 上の絵地図のせつ明としてまちがっているものを次からえらび，記号《きごう》で答えましょう。(20点)　(　　)

**ア** 鉄道《てつどう》にそって国道が通っている。

**イ** 駅《えき》の北がわには家がたくさんある。

**ウ** 学校の西がわには工場の多いところがある。

**エ** かすが川は西から東に向《む》かって流れている。

**オ** 公園の南がわは木が多くなっている。

**ふく習《しゅう》のポイント！**

ふつう，地図は上が北になるようにかかれています。上が北になっていない場合には，方位記号《ほういきごう》で北をしめします。地図をかくときには，方位じしんで方位を調《しら》べます。

たいせつ

**2** ［方位を調べる］ **右の絵を見て，次《つぎ》の問《と》いに答えましょう。**

⑴ 右の絵の道具《どうぐ》の名まえを答えましょう。

（　　　　　　）(20点)

⑵ 右の絵の道具は何を調べるために使《つか》いますか。正しいものを次からえらび，記号で答えましょう。(10点)　（　　）

**ア** きょり　　**イ** 方位　　**ウ** 時間

⑶ 右の絵の道具は，色のついたはりを，東西南北のどこに合わせて使いますか。その方位を答えましょう。(10点)

（　　）

**3** ［学校のまわりのたんけん］ **学校のまわりをたんけんします。たんけんするとき，気をつけることとしてまちがっているものを次からえらび，記号で答えましょう。**(20点)　（　　）

**ア** まちの人にめいわくをかけないようにする。

**イ** まちを歩くときは，交通のルールを守《まも》るようにする。

**ウ** きけんな場所《ばしょ》があっても，決《き》めたコースをかえないでたんけんをするようにする。

**エ** 調べたことや気づいたことが書きこめる白地図やメモを持《も》っていくようにする。

**オ** まちの人にインタビューをしたときは，お礼《れい》をいうようにする。

# 2 わたしたちの市のようす

月　日
〈時間〉20分
〈合かく〉80点
〈とく点〉　　/100

答え→べっさつ12ページ

たいせつ **1** ［地図の読み取《と》り］ **次《つぎ》の地図を見て，あとの問《と》いに答えましょう。**

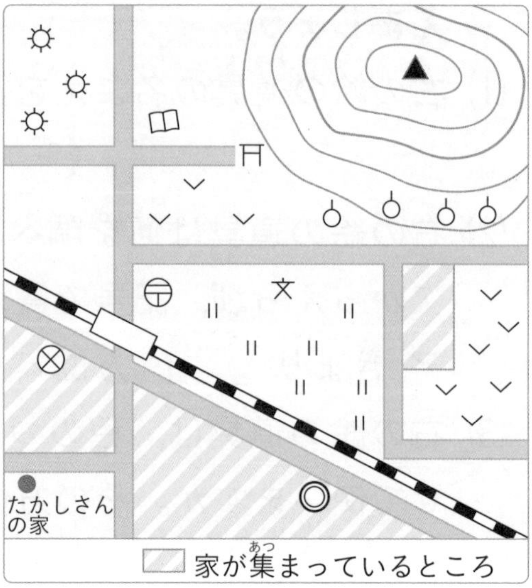


⑴ 山の南がわのしゃ面《めん》の土地の使《つか》われ方を次からえらび，記《き》号《ごう》で答えましょう。(10点)　（　　）

**ア** 田　　**イ** 畑《はたけ》

**ウ** 茶畑　　**エ** くだもの畑

⑵ 学校の屋上《おくじょう》から見たとき，北西がわに見えるものを次からえらび，記号で答えましょう。(10点)　（　　）

**ア** 市役所《しやくしょ》　　**イ** 工場

**ウ** けいさつしょ　　**エ** ゆうびん局《きょく》

⑶ たかしさんが家から学校までの道じゅんをせつ明しています。(　)にあてはまる方位《ほうい》を答えましょう。(20点)1つ10

　家を出て東に進《すす》み，1つ目の角を（①　　　）に曲《ま》がり，ゆうびん局のある角を（②　　　）に曲がると，右がわに学校が見えます。

⑷ 上の地図のせつ明としてまちがっているものを次からえらび，記号で答えましょう。(10点)　（　　）

**ア** 市役所のまわりにはたくさんの家がある。

**イ** 学校の南がわには田が広がっている。

**ウ** たかしさんの家から見て，山は北東にある。

**エ** 図書館《としょかん》と市役所は同じ通りにある。

**ふく習《しゅう》のポイント!**

地図記号《きごう》を使《つか》った地図でも，上が北になります。また，色や色のこさをかえることで高さを表《あらわ》すことができます。高い場所《ばしょ》にはおうど色，ひくい場所には緑色《みどりいろ》が使われるのがふつうです。

**2** [市のようす] **次《つぎ》の地図についてせつ明したあとの文中の(　)にあてはまることばを下からえらび，記号で答えましょう。** (30点)1つ10

右の地図の地いきでは，四角い土地の上にたくさんの(①　　)があることがわかります。土地が四角いのは，この土地が海を(②　　)つくられたものだからです。(①)が海の近くに多いのは，原りょうやせい品《ひん》を運《はこ》ぶために(③　　)が使《つか》われるからです。

**ア** ほり下げて　**イ** うめ立てて　**ウ** 自動車《じどうしゃ》　**エ** 鉄道《てつどう》
**オ** 船　**カ** 工場　**キ** 畑《はたけ》　**ク** 田　**ケ** くだもの畑

**3** [地図記号] **次の地図記号が何を表すか答えましょう。** (20点)1つ4

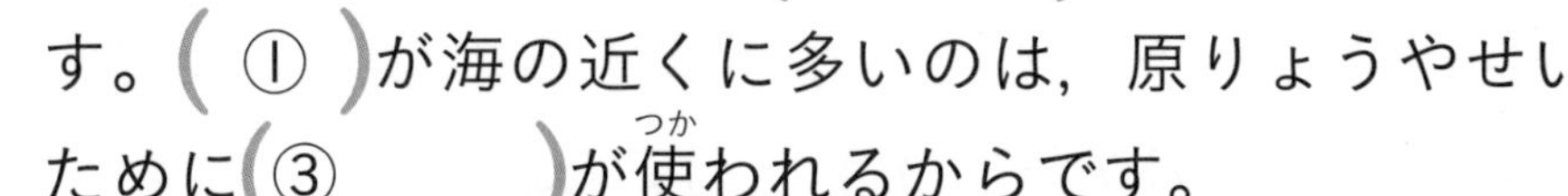


(1)(　　　　) (2)(　　　　) (3)(　　　　)
(4)(　　　　) (5)(　　　　)

# 3 くらしと商店《しょうてん》

月　日

〈時間〉20分　〈合かく〉80点　〈とく点〉　／100

答え→べっさつ12ページ

**1** ［商店《しょうてん》のようす］ **次《つぎ》の地図を見て，あとの問《と》いに答えましょう。**

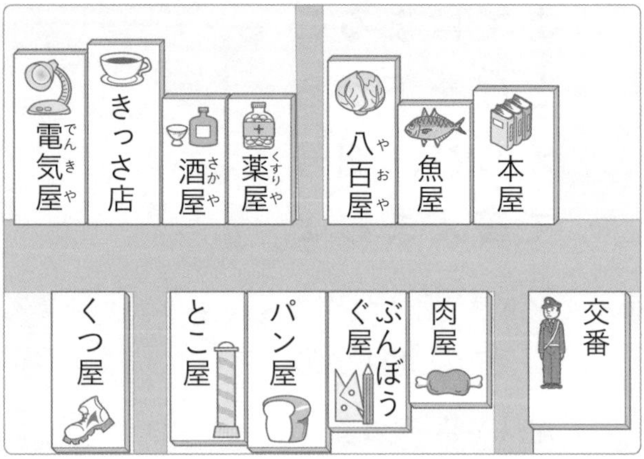


(1) 右の地図のように，たくさんの商店が集《あつ》まっているところを何といいますか。(7点)

（　　　　　）

(2) (1)で答えたところにあてはまるせつ明を次からえらび，記号《きごう》で答えましょう。(7点)　（　　）

**ア** 駅前《えきまえ》にあることが多い。

**イ** まちのこう外にあることが多い。

**ウ** かなり大きなちゅう車場をそなえている。

(3) 上の地図中には，どのような品物《しなもの》を売る店が多いですか。次からえらび，記号で答えましょう。(7点)　（　　）

**ア** 食べ物　**イ** おもちゃ　**ウ** 着《き》るもの　**エ** 電気き具《ぐ》

(4) 上の地図のようなところがこんざつするのは，いつですか。次からえらび，記号で答えましょう。(7点)　（　　）

**ア** 早朝　**イ** 夜中　**ウ** 夕方

(5) 右の①・②のレシートはどの店で買い物したものですか。地図の店からえらび，答えましょう。(10点)1つ5

①（　　　　　）

②（　　　　　）

①

**○○商店**

〈お買い上げ表《ひょう》〉

| | |
|---|---|
| トマト | 100 |
| キュウリ | 40 |
| レタス | 180 |
| ⋮ | |

②

**▲▲書店**

〈お買い上げ表〉

| | |
|---|---|
| コミック | 390 |
| ザッシ | 650 |
| ⋮ | |

**ふく習《しゅう》のポイント!**

それぞれの商店《しょうてん》ではどのような品物《しなもの》を売っているのか，それぞれの商店のとくちょうを理かいして，上手《じょうず》に利用《りよう》するようにしましょう。

たいせつ

**2** [商店のとくちょう] **次《つぎ》の文にあてはまる店を，あとのア～エからえらび，記号《きごう》で答えましょう。** (32点)1つ8

(1) 夜中や早朝でも開《あ》いている店が多く，手軽《てがる》にいろいろと買うことができるのでたいへんべんりである。（　　）

(2) 大きなまちの中心にあることが多く，高級《こうきゅう》な品物を買ったり，せん門知しきのある店員《てんいん》にきくことができる。（　　）

(3) 大きなちゅう車場があるので車で行くことができ，品物のしゅるいが多いので一度《いちど》にいろいろな物を買うことができる。（　　）

(4) 歩いて行くことができ，お店の人と話をしながら買い物ができる。その場でおまけしてくれることもある。（　　）

**ア** コンビニエンスストア　**イ** デパート
**ウ** スーパーマーケット　**エ** 近所《きんじょ》の八百屋《やおや》さん

**3** [品物に書いてあること] **右の絵の①～⑤には，どんなことが書いてありますか。あとのア～オからえらび，記号で答えましょう。** (30点)1つ6

①（　　）②（　　）③（　　）
④（　　）⑤（　　）

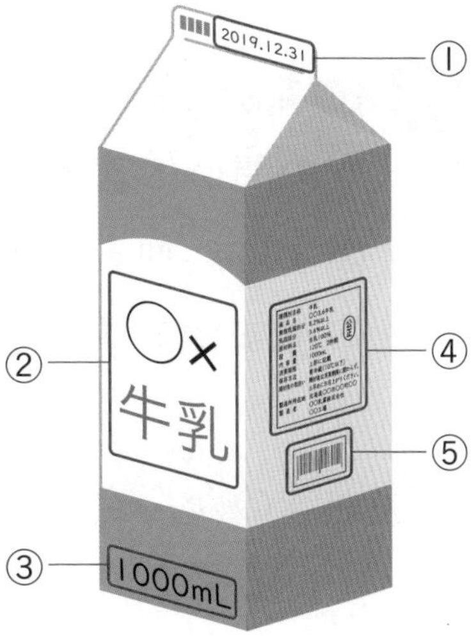


**ア** 安心《あんしん》しておいしく飲《の》める期《き》げん
**イ** 入っている牛にゅうのりょう
**ウ** バーコード
**エ** えいようや品《ひん》しつのくわしい内よう
**オ** 商品の名まえ

月　日

〈時間〉20分
〈合かく〉80点
〈とく点〉　/100

# 4 スーパーマーケットの仕事《しごと》

答え→べっさつ13ページ

**1** [スーパーマーケットではたらく人の仕事《しごと》] **買う人に次《つぎ》のようなねがいがあるとき，どの人の仕事といちばんかん係《けい》がありますか。あとのア〜エからえらび，記号《きごう》で答えましょう。** (40点)1つ10

(1) 家族《かぞく》の数に合わせてひつような分だけ買えるようにしてほしい。（　　）

(2) 買った品物《しなもの》をおくり物用にほうそうしてほしい。（　　）

(3) ほしい物が品切れにならないようにしてほしい。（　　）

(4) 品物がきれいにたくさんならんでいる売り場にしてほしい。（　　）

**ア** サービスカウンターではたらいている人
**イ** やさいを小さく切ったり，パックづめをしたりしている人
**ウ** コンピューターで品物の売れ具合《ぐあい》を調《しら》べ，注文《ちゅうもん》する数を決《き》める仕事をしている人
**エ** 売り場を見回って，足りなくなった品物を足したり，見やすくならべなおす仕事をしている人

たいせつ **2** [ごみをへらすためのくふう] **右の図を見て，次の問《と》いに答えましょう。** (10点)1つ5

図1

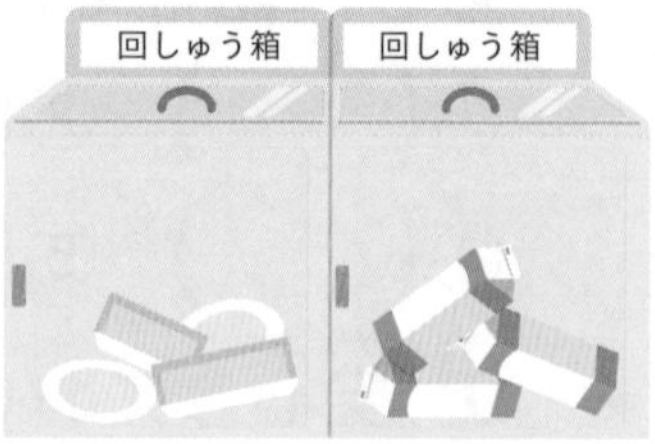


(1) **図1**は，何をするために回しゅうするのですか。カタカナ5字で答えましょう。（　　）

(2) 地球《ちきゅう》のかんきょうを守《まも》るために役立《やくだ》つ品物についている**図2**のようなマークを何といいますか。（　　）

図2

**ふく習《しゅう》のポイント!**

スーパーマーケットでは，いろいろな場所《ばしょ》から品物《しなもの》を運《はこ》んできています。ごみをへらして，しげんを大切にするために，リサイクル活動《かつどう》を行っているところもあります。

## 3 ［品物はどこから］次《つぎ》の地図を見て，あとの問《と》いに答えましょう。

大阪府のスーパーマーケットに運ばれてくる品物

(1) 外国から多く運ばれてくる品物はどのようなものですか。次からえらび，記号《きごう》で答えましょう。

（　　　）(10点)

**ア** 米　　**イ** くだもの

**ウ** やさい

(2) 次の品物はそれぞれどこから運ばれてきますか。図中からそれぞれ2か所《しょ》ずつえらび，答えましょう。(20点)1つ5

① たまねぎ（　　　　）（　　　　）

② りんご（　　　　）（　　　　）

(3) 外国から運ばれてくる品物は何を使《つか》って運ばれてきますか。

（　　　）(10点)

(4) 上の地図を見て，正しいものを次からえらび，記号で答えましょう。(10点)（　　）

**ア** アメリカ合衆国《がっしゅうこく》からは，バナナが運ばれている。

**イ** 品物は決《き》まったひとつの産地《さんち》から運ばれてくる。

**ウ** やさいは大阪府《おおさかふ》から近い都道府県《とどうふけん》からすべて運ばれている。

**エ** 大阪府のスーパーマーケットには，国内だけでなく世界《せかい》の国々からも品物が運ばれてくる。

月　日
〈時間〉20分
〈合かく〉80点
〈とく点〉　/100

# 5 農家《のうか》の仕事《しごと》

答え→べっさつ13ページ

**1** [みかんづくり農家《のうか》の仕事《しごと》] **次《つぎ》の表《ひょう》は，あるみかんづくり農家の1年を表《あらわ》したものです。この表を見て，あとの問《と》いに答えましょう。**

<table>
<tr><th>1月</th><th>2月</th><th>3月</th><th>4月</th><th>5月</th><th>6月</th><th>7月</th><th>8月</th><th>9月</th><th>10月</th><th>11月</th><th>12月</th></tr>
<tr><td colspan="2">土づくり</td><td colspan="2">ひりょうやり</td><td colspan="3">ひりょうやり<br>草とり　草とり</td><td colspan="2"></td><td colspan="3">ひりょうやり<br>消どく</td></tr>
<tr><td colspan="2">出荷《しゅっか》</td><td>せん定《てい》</td><td colspan="3">消《しょう》どく</td><td colspan="3">てきか</td><td colspan="3">しゅうかく・出荷</td></tr>
</table>

(1) この農家では，1年のうちに何回ひりょうをやっていますか。(10点)　(　　　回)

(2) 次の文は，みかん農家で行われている仕事についてせつ明したものです。それぞれどの仕事についてせつ明したものですか。表中のことばからえらんで答えましょう。(20点)1つ10

① いらないえだを切って木をじょうぶにするために行われる仕事です。(　　　)

② あまりよく育っていない実《み》をつみとって，実のなりかたをよくするために行われる仕事です。(　　　)

(3) この農家では，みかんのしゅうかくは何月から始《はじ》めますか。
(　　　から) (10点)

(4) みかんのさいばいにてきしているのはどのような場所《ばしょ》ですか。次からえらび，記号《きごう》で答えましょう。(10点)　(　　　)

**ア** 気温《きおん》がひくく，雨が少ないところ。

**イ** 日当たりがよく，水はけのよいところ。

**ウ** すずしくて，雨がたくさんふるところ。

**ふく習《しゅう》のポイント！**

農家《のうか》では，しゅうかくの期間《きかん》を長くするために，時期をずらして作物《さくもつ》をさいばいしています。また，農家はおたがいの仕事《しごと》を助《たす》け合うために農業《のうぎょう》きょう同組合《くみあい》をつくるなどのくふうをしています。

たいせつ

**2** ［農家の人たちのくふう］ **農家の人たちが行っているくふうについて，次《つぎ》の問《と》いに答えましょう。**

(1) 農家の人たちが，農業を行いやすいようにきょう力してつくっている組合を何といいますか。(10点)　（　　　　）

(2) (1)の組合の仕事のせつ明としてまちがっているものを次からえらび，記号《きごう》で答えましょう。(10点)　（　　）

**ア** 農家の人のお金をあずかったり，農家の人にお金をかしたりする。

**イ** 農家からとれた作物を集《あつ》め，どこへいつ送《おく》れば高く売れるかを調《しら》べて，送《おく》り先を決《き》めて出荷《しゅっか》する。

**ウ** 空港《くうこう》をつくり，ひこうきを使《つか》って新《しん》せんなうちに作物を市場に運《はこ》べるようにする。

**エ** 農機具《のうきぐ》やひりょうをまとめて買って，農家の人に安《やす》く売っている。

(3) やせた土でも作物がつくれるように，牛のふんなどをわらとまぜてつくるひりょうのことを何といいますか。(10点)

（　　　　）

(4) キャベツ畑《ばたけ》を見学しました。キャベツは畑の土をもり上げたところに植《う》えられていました。これについて，次の問いに答えましょう。(20点)1つ10

① このもり上がったところを何といいますか。

（　　　　）

② もり上がりをつくる理由《りゆう》をせつ明しなさい。

（　　　　　　　　　　　　　　　　　　）

# 6 工場の仕事《しごと》

| 月 | 日 |
| --- | --- |
| 〈時間〉20分 〈合かく〉80点 | 〈とく点〉 /100 |

答え→べっさつ13ページ

**1** ［かまぼこをつくる工場］**かまぼこをつくる工場の仕事について，次《つぎ》の問《と》いに答えましょう。**(36点)1つ12

(1) 右の地図はかまぼこの原りょうがどこからくるかをしめした地図です。この地図からわかることとして正しいものを次からえらび，記号《きごう》で答えましょう。（　　）

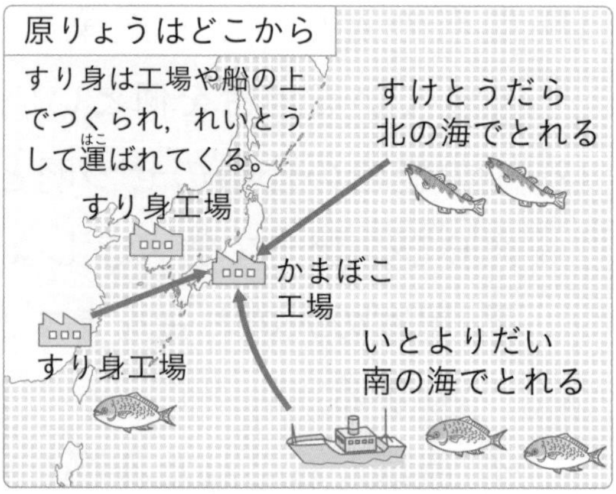


**ア** すけとうだらといとよりだいは同じ場所《ばしょ》でとれる。

**イ** すけとうだらもいとよりだいも，工場や船の上ですり身《み》になってかまぼこ工場に運ばれてくる。

**ウ** げんりょうの半分以上《いじょう》がいとよりだいである。

(2) 次の**ア**〜**エ**の文は，かまぼこ工場でかまぼこができるまでをせつ明したものです。これらの文を正しいじゅん番にならべかえましょう。（　　→　　→　　→　　）

**ア** 味《あじ》つけをしながら，すり身を練《ね》る。

**イ** よくむしたあとひやす。

**ウ** 練ったものを木の板《いた》にのせて，形をつくる。

**エ** 紙につつんで，出荷《しゅっか》する。

(3) かまぼこ工場ではほかにもたくさんの品物《しなもの》をつくっています。かまぼこ工場でつくっている食品《しょくひん》としてまちがっているものを次からえらび，記号で答えましょう。（　　）

**ア** ちくわ　　**イ** はんぺん　　**ウ** つみれ　　**エ** とうふ

**ふく習《しゅう》のポイント！**

かまぼこの原りょうのすり身《み》は船で運《はこ》ばれてきます。食べ物《もの》をつくる工場では，とくにえいせいに気をつけています。工場に入る前には，エアシャワーを使《つか》って，体をきれいにしています。

たいせつ

**2** ［工場で気をつけていること］ **次《つぎ》の文は，かまぼこをつくる工場ではたらく人が工場に入る前に行うじゅんびについてせつ明したものです。それぞれ何のために行われるのかを，あとのア〜エからえらび，記号《きごう》で答えましょう。** (36点)1つ9

(1) 自分のくつをぬいで，白いくつにはきかえる。 （　　）
(2) 白いぼうしをつける。 （　　）
(3) 手をあらって温風《おんぷう》でかわかす。 （　　）
(4) マスクをする。 （　　）

**ア** 仕事《しごと》中につばやばいきんがとばないようにするため。
**イ** くつのそこについたよごれを工場の中に持《も》ちこまないようにするため。
**ウ** 仕事中にかみの毛を落《お》とさないようにするため。
**エ** 手を消《しょう》どくするため。

**3** ［工場でつくっているもの］ **次のア〜クの中から，工場でつくられているものを4つえらび，記号で答えましょう。** (28点)1つ7

（　　）（　　）（　　）（　　）

**ア**

**イ**

**ウ**

**エ**

**オ**

**カ**

**キ**

**ク**
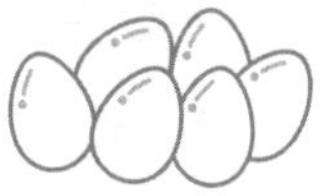

# 7 安全《あんぜん》なくらし ①

月　日

〈時間〉20分
〈合かく〉80点
〈とく点〉　/100

答え→べっさつ13ページ

**1** ［火事《かじ》を消《け》すしくみ］ **次《つぎ》の図を見て，あとの問《と》いに答えましょう。**

(1) 図中の(　)にあてはまる番号《ばんごう》を答えましょう。

(　　番) (7点)

(2) 次の文は，通しん指《し》れい室からさまざまなしせつに出されたれんらくです。れんらくを受《う》けたところを図中の**ア**～**オ**からえらび，記号《きごう》で答えましょう。(16点)1つ8

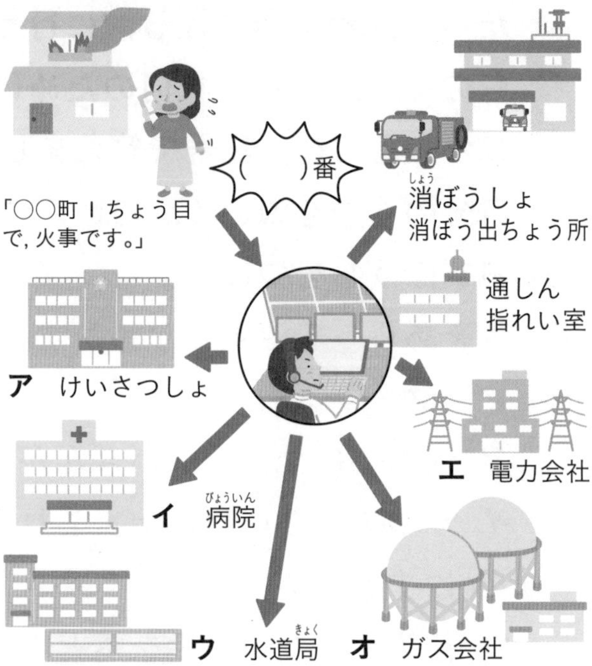


① 火事のけが人が運《はこ》ばれます。 (　　)

② きけんなので，電気を止めてください。 (　　)

**2** ［火事を消す仕事《しごと》］ **次の文は，消ぼうしょの人たちの仕事についてせつ明したものです。この文中の(　)にあてはまることばを，あとのア～カからえらび，記号で答えましょう。** (28点)1つ7

消ぼうしょでは，いつ火事がおこっても出動《しゅつどう》できるように，交代《こうたい》せいで(①　　)時間きんむしています。火事がおこったら，(②　　)で出動します。出動していないときは，消火やきゅう助《じょ》の(③　　)をしたり，消火せんや消ぼうき具《ぐ》の(④　　)をしたりしています。

**ア** 点けん　**イ** くん練《れん》　**ウ** 2　**エ** 24

**オ** 消ぼう車　**カ** パトロールカー

**ふく習《しゅう》のポイント！** 火事《かじ》がおこったときには119番に通ほうします。119番の通ほうは通しん指《し》れい室につながります。通しん指れい室からは，消火活《しょうかかつ》動《どう》がしやすいように，いろいろなしせつへのれんらくが行われます。

たいせつ **3** ［消火のためのせつび］ **次《つぎ》のA〜Dの絵を見て，あとの問《と》いに答えましょう。**

A
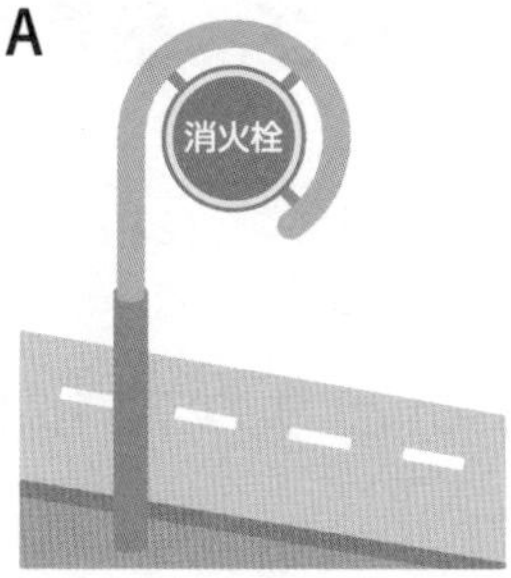


B

C

D
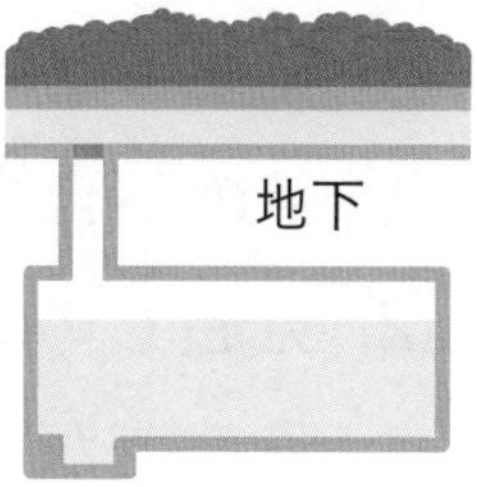


⑴ **A〜Dの名まえを次《つぎ》からえらび，記号《きごう》で答えましょう。** (28点)1つ7

**A**（　　）**B**（　　）**C**（　　）**D**（　　）

**ア** スプリンクラー　**イ** 消火せん　**ウ** 消火き　**エ** ぼう火水そう

⑵ 次の文は，どの消火せつびについてせつ明したものですか。絵の**A〜D**からえらび，それぞれ記号で答えましょう。(14点)1つ7

① レバーを強くにぎり，薬《やく》ざいを出すことで消火ができる。（　　）

② 地下の太い水道かんにつながっていて，たくさんの水が出るようになっている。（　　）

**4** ［消ぼうのせつびなど］ **消ぼうだんや消ぼう車などについてせつ明した文としてまちがっているものを次からえらび，記号で答えましょう。** (7点)（　　）

**ア** 消ぼうだんの人たちは，消火のための仕事《しごと》をせん門に行っている。

**イ** 消ぼう車には，ポンプ車，タンク車，はしご車などがある。

**ウ** 消ぼうせつびは，目立ちやすくするために赤色のものが多い。

# 8 安全《あんぜん》なくらし ②

月　日
〈時間〉20分
〈合かく〉80点
〈とく点〉　/100

答え→べっさつ14ページ

**1** [事《じ》こをふせぐせつび] **次《つぎ》の文は，交通事こから歩行者を守るため，道路《どうろ》に付けられたせつびについてのせつ明です。それぞれのせつびの名まえを，あとのア～エからえらび，記号《きごう》で答えましょう。**(16点)1つ8

(1) 目の不自由《ふじゆう》な人が安全《あんぜん》に歩けるようにしている。(　　)

(2) 見通しの悪《わる》いところにあり，自動車《じどうしゃ》が来るかどうかたしかめることができる。(　　)

**ア** 点字ブロック　　**イ** 歩道橋《ほどうきょう》

**ウ** ガードレール　　**エ** カーブミラー

**2** [事このしょ理] **次の文は，事こがおこったときに行われるしょ理についてせつ明したものです。あとの問《と》いに答えましょう。**

① けいさつかんが交通整理《せいり》をし，けが人のきゅう助《じょ》が行われる。

② げん場にいる人から，<u>事こがおこったことを知らせる電話</u>が入る。

③ 事こ車をいどうし，事この原いんが調《しら》べられる。

④ 消《しょう》ぼうしょからは( **A** )が，けいさつしょからは( **B** )が，げん場に急行《きゅうこう》する。

(1) 文中の下線部《ぶ》の電話をかけるときには，何番にかけますか。次からえらび，記号で答えましょう。(7点)(　　)

**ア** 110番　　**イ** 117番　　**ウ** 119番　　**エ** 177番

(2) 文中の空らん**A**・**B**にあてはまる車の名まえをそれぞれ答えましょう。(14点)1つ7 **A**(　　) **B**(　　)

(3) 上の文を，事こをしょ理するじゅん番にならべかえましょう。

(　　→　　→　　→　　)(7点)

**ふく習《しゅう》のポイント！**

けいさつが行っている仕事《しごと》は，事《じ》こがおこったときのしょ理だけではありません。ふだんから，事こがおきないように，交通安全教《あんぜんきょう》室《しつ》を開《ひら》いたり，交通いはんの取《と》りしまりを行ったりもしています。

たいせつ

**3** [けいさつの仕事] **次《つぎ》の(1)〜(4)の絵のせつ明にあてはまるものを，あとのア〜エからえらび，記号《きごう》で答えましょう。** (32点)1つ8

(1)

(2)

(3)

(4)

(　　)　(　　)　(　　)　(　　)

**ア** 事けんや事こがおこらないように，パトロールしている。
**イ** 道にまよった人に，道を教えている。
**ウ** まい子の子どもをほごしている。
**エ** コンサートを開き，住《じゅう》みんとの交流《こうりゅう》を深《ふか》めようとしている。

**4** [事この内《うち》わけ] **次の神戸《こうべ》市の事このグラフを見て，あとの問《と》いに答えましょう。** (24点)1つ8

(1) もっとも事この多いしゅるいを答えましょう。
(　　　　)

しゅるいべつの事このけん数

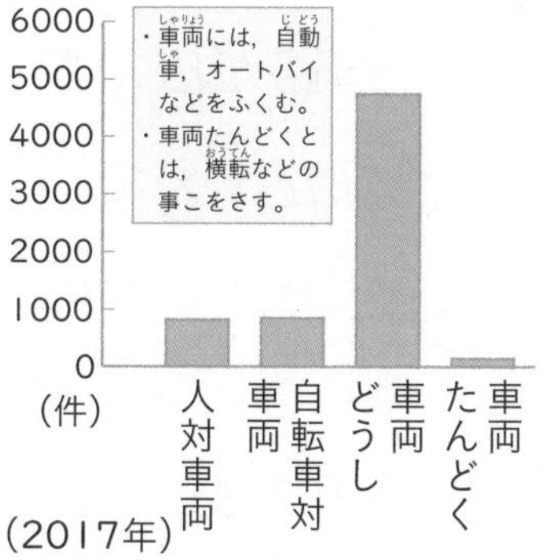

(2017年)

年れいべつの事このけが人の数

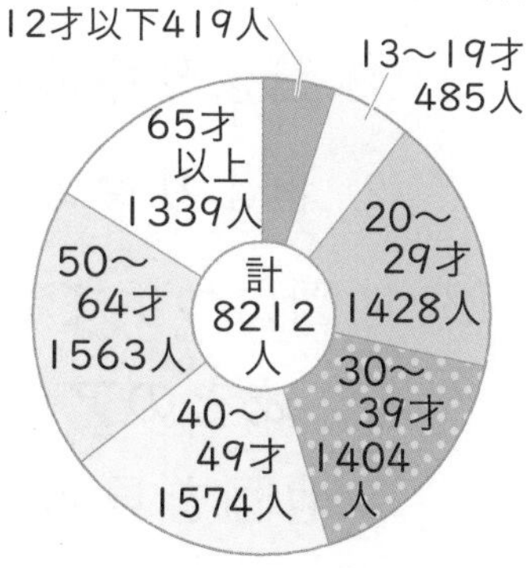

(2017年)（平成29年兵庫県警交通年鑑）

(2) 20〜29才のけが人の数を答えましょう。
(　　　　人)

(3) 12才以下《いか》のけが人の数と，65才以上のけが人の数では，どちらが多いですか。
(　　　　)

# 9 市のようすのうつりかわり

月　日

〈時間〉20分　〈合かく〉80点　〈とく点〉　/100

答え→べっさつ14ページ

**1** ［市のようすのうつりかわり］**次《つぎ》の地図を見て，あとの問いに答えましょう。**

昔《むかし》の市のようす

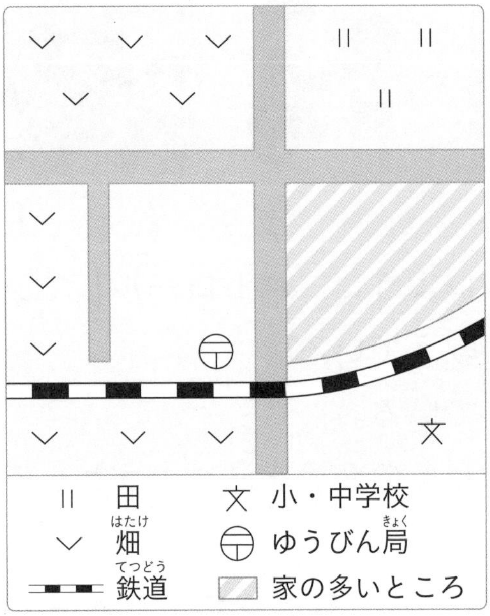


今の市のようす

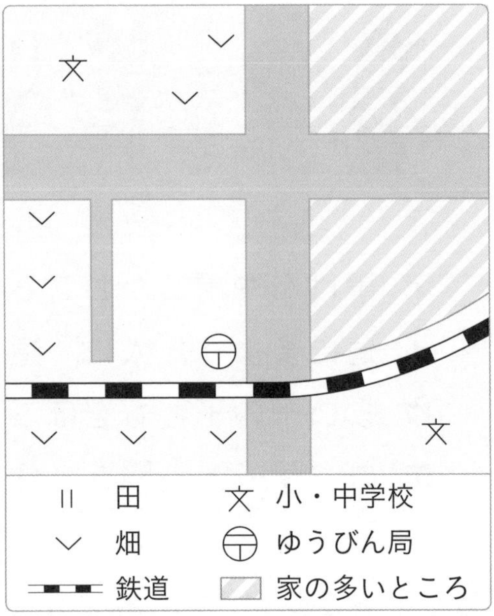


(1) 地図のせつ明として，あてはまるものには○，あてはまらないものには×をつけましょう。(20点)1つ10

① 昔より今のほうが，道路《どうろ》が広くなっている。（　　）

② 昔より今のほうが，畑がふえている。（　　）

(2) 地図についてせつ明した次の文中の(　)にあてはまることばを，あとの**ア〜ク**からえらび，記号《きごう》で答えましょう。(30点)1つ10

地図を見ると，昔は田であったところが（①　　　）にかわっています。また，1つしかなかった（②　　　）が2つにふえています。これは，市の（③　　　）がふえているためです。

**ア** 畑　**イ** 車　**ウ** ゆうびん局　**エ** 小・中学校

**オ** 家　**カ** 工場　**キ** 消《しょう》ぼうしょ　**ク** 人口

**ふく習《しゅう》のポイント！**

昔《むかし》と今の地図を見くらべると，市がどのようにかわってきているのかがわかります。新しくふえた地図記号《きごう》，なくなった地図記号などから，市のようすのうつりかわりを読み取《と》りましょう。

**2** ［人口のうつりかわり］ **次《つぎ》のグラフは，市の人口のうつりかわりを表《あらわ》したものです。あとの問《と》いに答えましょう。**

⑴ グラフを見て，次の文の(　)にあてはまることばを，あとの**ア～ク**からえらび，記号で答えましょう。(30点) 1つ10

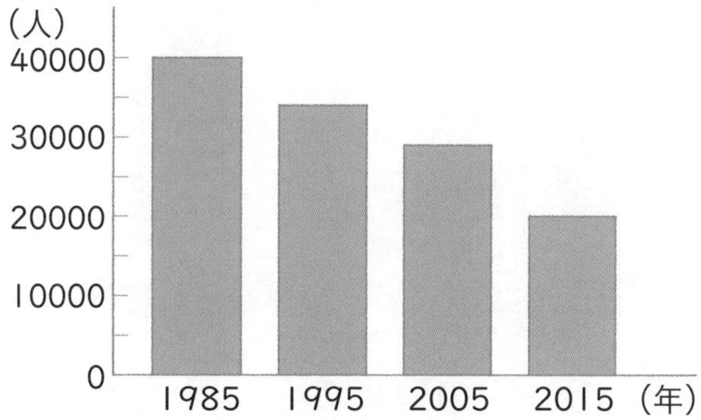


人口がいちばん多いのは(①　　　)年です。2015年の人口はおよそ(②　　　)人です。人口はだんだん(③　　　)きています。

**ア** ふえて　**イ** へって　**ウ** 1985　**エ** 1995
**オ** 2005　**カ** 40000　**キ** 30000　**ク** 20000

⑵ お年よりがふえてきて，つくられるようになったしせつの地図記号を次からえらび，記号で答えましょう。(10点)　(　　)

**ア**
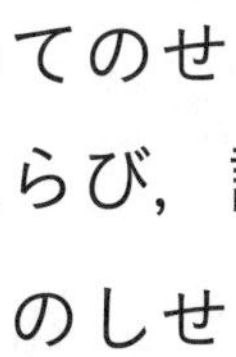
**イ**
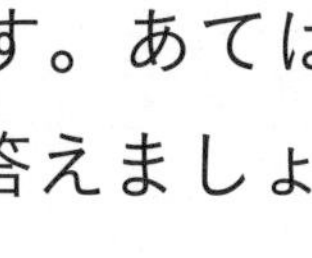
**ウ**
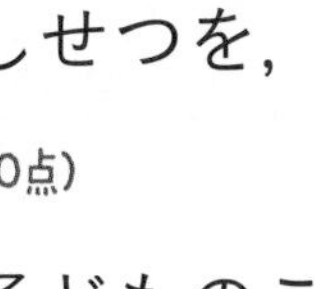
**エ**
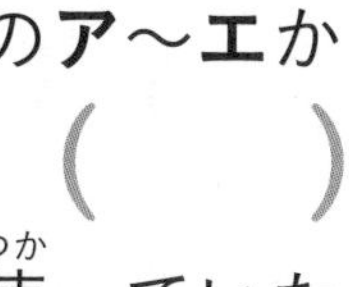

⑶ 次の文は，市が市の人たちから集《あつ》めたお金でたてたしせつについてのせつ明です。あてはまるしせつを，あとの**ア～エ**からえらび，記号で答えましょう。(10点)　(　　)

このしせつには，おじいさんが子どものころに使《つか》っていた古い道具《どうぐ》や，市のれきし，日本のれきしにかん係《けい》があるさまざまなものがてんじされています。

**ア** 市役所《しやくしょ》　**イ** はく物館《ぶつかん》　**ウ** 風車　**エ** 発電所《はつでんしょ》

# 10 昔《むかし》のくらし，今のくらし

月　日

〈時間〉20分　〈合かく〉80点　〈とく点〉 /100

答え→べっさつ14ページ

**1** ［昔《むかし》の道具《どうぐ》］**次《つぎ》の絵は，昔よく使《つか》われていた道具です。これらの絵を見て，あとの問《と》いに答えましょう。**

①
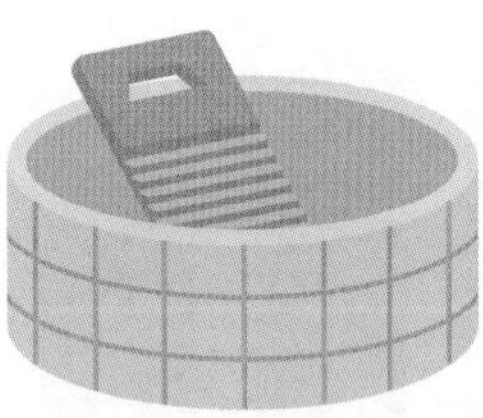
②
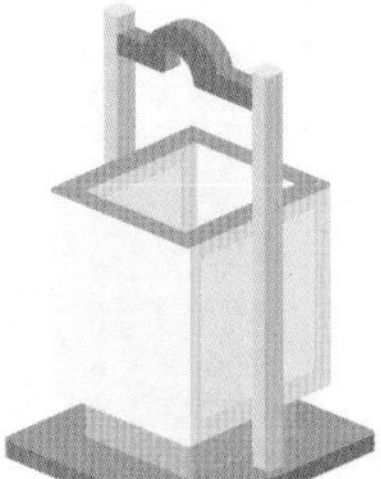
③

④
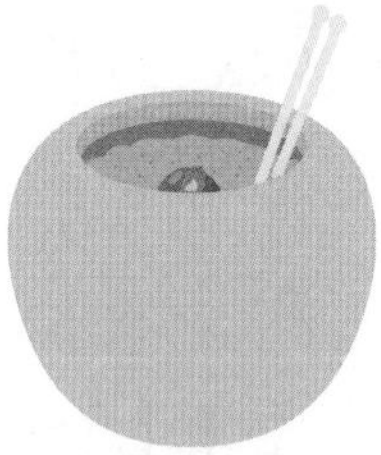

⑴ ①～④の道具の名まえをそれぞれ次からえらび，記号《きごう》で答えましょう。(28点)1つ7

①(　　) ②(　　) ③(　　) ④(　　)

**ア** かま　　**イ** あんどん

**ウ** ひばち　　**エ** たらいとせんたく板《いた》

⑵ ①～④の道具の使い方として正しいものを次からえらび，記号で答えましょう。(28点)1つ7

①(　　) ②(　　) ③(　　) ④(　　)

**ア** 手や部屋《へや》をあたためたり，湯《ゆ》をわかしたりした。

**イ** せんたくをするために使った。

**ウ** ごはんをたくために使った。

**エ** 油《あぶら》をもやして部屋を明るくするために使った。

⑶ ④の道具はねんりょうとして何を使いましたか。次からえらび，記号で答えましょう。(7点)　(　　)

**ア** 石油《せきゆ》　　**イ** 炭《すみ》

**ウ** 紙　　**エ** ガス

**ふく習《しゅう》のポイント！**

わたしたちの身《み》のまわりにあるものが，昔《むかし》はどのようなもので，どのように使《つか》われていたのか，また，今と昔の道具《どうぐ》をくらべてどのような点がべんりなのかなどを理かいしておきましょう。

## 2 ［水をくむための道具］次《つぎ》の絵を見て，あとの問《と》いに答えましょう。

（16点）1つ8

(1) 右の絵のような水をくむところの名まえを答えましょう。

（　　　）

(2) (1)の使い方をせつ明した文としてまちがっているものを次からえらび，記号《きごう》で答えましょう。（　　）

**ア** じゃぐちをひねって，水を出して使っていた。

**イ** 手おけを使って，水を家の水がめや台所《だいどころ》まで運《はこ》んでいた。

**ウ** つるべを使って，水をくみ上げていた。

## 3 ［くらしのうつりかわり］次の年表《ねんぴょう》のせつ明として正しいものには○，まちがっているものには×をつけましょう。

（21点）1つ7

| 年代《ねんだい》 | くらしのようす・できごと |
|---|---|
| 1920年代 | ラジオ放送《ほうそう》が始《はじ》まった。 |
| 1950年代 | テレビ放送が始まった。 |
| 1980年代 | 家庭用《かていよう》テレビゲームが広まった。 |
| 1990年代 | パソコンやけいたい電話が広まった。 |

(1) テレビ放送が始まったのは，1920年代である。（　　）

(2) 1950年代にラジオ放送が始まった。（　　）

(3) パソコンやけいたい電話が広まったのは，テレビ放送が始まったころより後である。（　　）

# 11 仕《し》上《あ》げテスト

月　日

〈時間〉30分

〈合かく〉80点

〈とく点〉　/100

答え→べっさつ14ページ

たいせつ

**1** [商店《しょうてん》がいのくふう] **次《つぎ》の文は，商店がいで行われているくふうをせつ明したものです。くふうが何のために行われているのかを，あとのア～エからえらび，記号《きごう》で答えましょう。**(24点)1つ6

(1) 休みの日には商店がいを歩行者《しゃ》天国にしている。(　　)

(2) ちゅう車場を用意《ようい》している。(　　)

(3) 商店がいをアーケードにしている。(　　)

(4) ときどき大売り出しのちらしを配《くば》っている。(　　)

**ア** 店のせんでんをするため。

**イ** 遠くのお客《きゃく》さんにも買い物《もの》に来てもらうため。

**ウ** 雨の日でもぬれずに買い物をしてもらうため。

**エ** 安全《あんぜん》に買い物をしてもらうため。

**2** [市のようす] **次の地図は，市のようすを表《あらわ》しています。地図を正しく読み取《と》っているものを次からえらび，記号で答えましょう。**(11点)

(　　)

**ア** 川にそって，図書館《としょかん》とはく物館がたてられている。

**イ** 土地の高いところを鉄道《てつどう》が通っている。

**ウ** 海ぞいの土地は，まがりくねっている。

**エ** 海ぞいに，工場が多くたてられている。

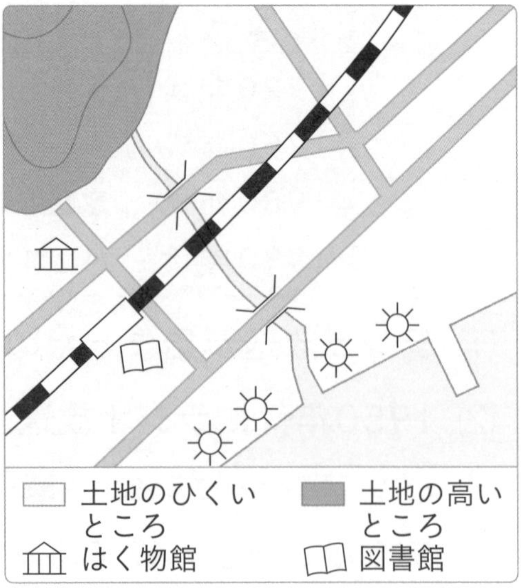

**3** ［けいさつの仕事《しごと》］ **右の図は，交通事《じ》このときのものです。図についてせつ明した次《つぎ》の文中の(　)にあてはまることばを，あとのア～カからえらび，記号《きごう》で答えましょう。**（18点）1つ6点

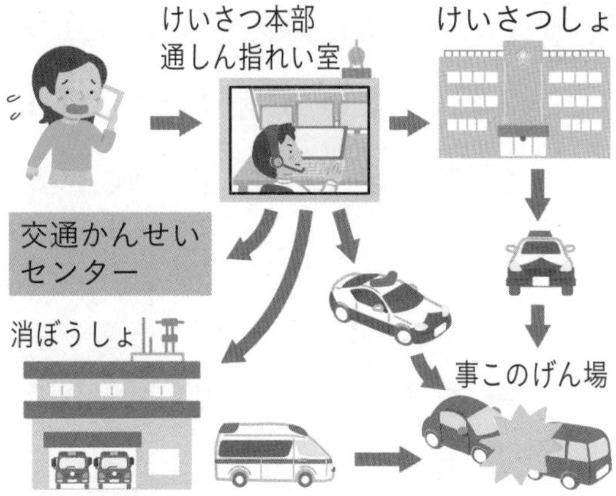


交通事この通ほうは，けいさつ本部《ほんぶ》の(①　　　)につながります。けがをした人がいたら，(②　　　)からきゅう急車《きゅうしゃ》がかけつけて，(③　　　)へ運《はこ》びます。

**ア** 交番　**イ** 消《しょう》ぼうしょ　**ウ** 通しん指《し》れい室
**エ** 病院《びょういん》　**オ** 学校　**カ** 市役所《しやくしょ》

**4** ［消ぼうしょの仕事］ **次の表《ひょう》は，消ぼうしょではたらく人のスケジュールです。消ぼうしょではたらく人たちの仕事について正しくせつ明している文を，あとのア～エから選び，記号で答えましょう。**（11点）

(　　　)

| 午前7時 | 8→9 | | | | 12 | 午後1 → 5 | | 6→10 | → |
|---|---|---|---|---|---|---|---|---|---|
| 朝食 | 出きん<br>仕事が始《はじ》まる | 道具《どうぐ》の手入れ | くん練《れん》 | 事《じ》む | 昼食 | ぼう火しどう | くん練 | 夕食 | 勉強《べんきょう》会 |

| 午前7時 | 8 | 9 | 10→12 | | 午後1 → | | 7→ | 9→ | 午前7 | 8 | 9 |
|---|---|---|---|---|---|---|---|---|---|---|---|
| おきる | 交代《こうたい》 | 家へ帰る | 朝食 | ねむる | 昼食 | しゅみ<br>家族《かぞく》とすごす | 夕食 | 家族とすごす | ねむる<br>朝食 | 出きん | 仕事が始まる |

**ア** 消ぼうしょではたらく人たちは，日曜日は休みである。
**イ** 消ぼうしょの人たちは，みんな消ぼうしょに住《す》んでいる。
**ウ** 消ぼうしょには，いつでも出動《しゅつどう》できるように，真夜中《まよなか》でもきんむしている人たちがいる。
**エ** 消ぼうしょの人たちは，火事《かじ》がないときは休みである。

たいせつ **5** ［工場ではたらく人たちの１日］ **次《つぎ》の表《ひょう》は，工場ではたらく人たちの１日のようすをしめしています。この表を見て，あとの問《と》いに答えましょう。** (18点)1つ6

⑴ かんせいしたかまぼこを運《はこ》ぶ仕《し》事《ごと》をしている人を表からえらんで答えましょう。
（　　　）

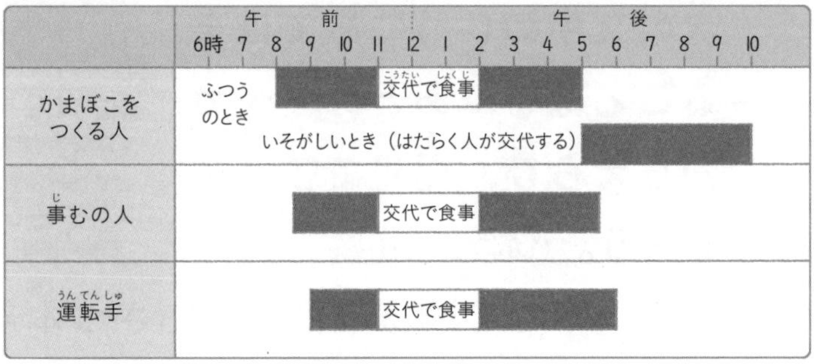


⑵ この工場でかまぼこをつくる人たちは，ふつうのとき，１日に少なくとも何時間はたらいていますか。次からえらび，記《き》号《ごう》で答えましょう。（　　　）

**ア** ３時間　**イ** ６時間　**ウ** 10時間　**エ** 14時間

⑶ 上の表についてせつ明した文としてまちがっているものを次からえらび，記号で答えましょう。（　　　）

**ア** いそがしいとき，かまぼこをつくる人は，午後10時まで仕事をしている。

**イ** この工場ではたらく人たちは，交代で食事をとっている。

**ウ** この工場では，24時間はたらいている人たちがいる。

**エ** かまぼこをつくる人たちは，ふつうのとき，午後５時まで仕事をしている。

**6** ［工場でつくられる品物《しなもの》］ **工場でつくられた次の品物の原りょうを，あとのア〜エからえらび，記号で答えましょう。** (18点)1つ6

⑴  （　　　）

⑵ 

（　　　）

⑶  （　　　）

**ア** 小麦　**イ** わた　**ウ** 魚のすり身《み》　**エ** だいず

# 3年 理科

## はじめに

３年生からはじまる理科は，身近《みぢか》なしぜんやできごとについて，「なぜ？」を考える教科です。植物《しょくぶつ》やこん虫などの生き物《もの》，太陽《たいよう》や風などのしぜん，じしゃくや電気などの身のまわりのものについて，かんさつやじっけんを通して，深《ふか》く考えていきましょう。

# 1 植物《しょくぶつ》のつくりと育《そだ》ち方

月　日

〈時間〉20分

〈合かく〉80点

〈とく点〉　／100

答え→べっさつ15ページ

たいせつ **1** ［たねまき］**ホウセンカのたねまきと育《そだ》ち方について，次の問いに答えましょう。**

(1) ホウセンカのたねのまき方はどれですか。次《つぎ》からえらび，記《き》号《ごう》で答えましょう。(5点)　（　　）

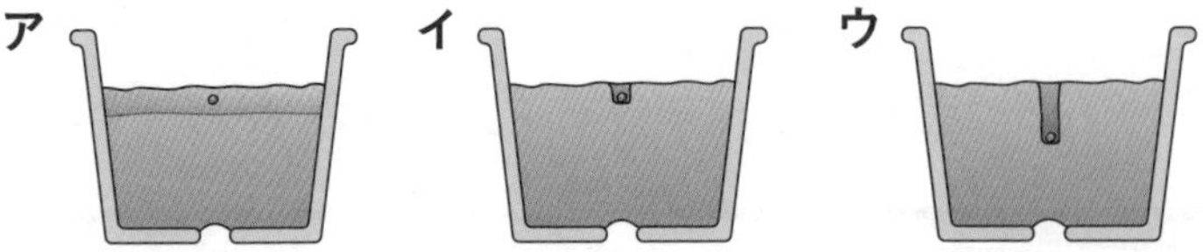

**ア** 土に直せつまいて，土をうすくかける。

**イ** 1cmくらいの深《ふか》さのあなをあけて，たねをまき，土をかける。

**ウ** 5cmくらいの深さのあなをあけて，たねをまき，土をかける。

(2) たねまきのあと，土がかわかないようにするには，どのような世《せ》話《わ》をしなければならないですか。(10点)　（　　）

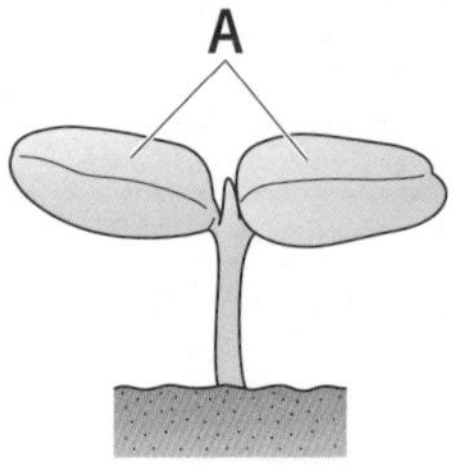


(3) ホウセンカのめが出ました。Aの葉《は》を何といいますか。(10点)　（　　）

たいせつ **2** ［植物《しょくぶつ》のからだのつくり］**右の図は，ホウセンカのからだのつくりを表《あらわ》しています。これについて，次の問《と》いに答えましょう。**

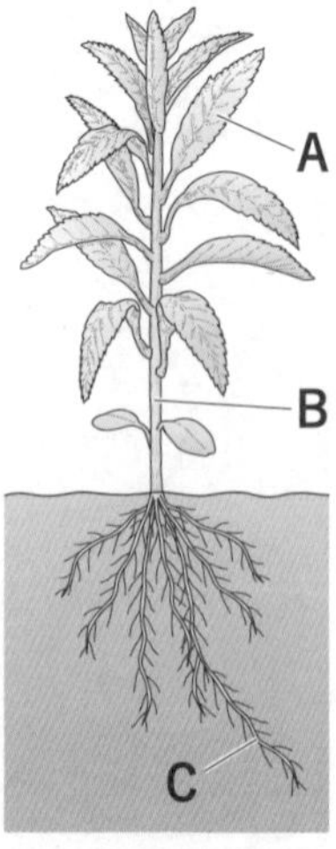


(1) A～Cの部《ぶ》分《ぶん》の名前を答えましょう。(30点)1つ10

A（　　）　B（　　）　C（　　）

(2) ヒマワリやマリーゴールドのからだには，A～Cと同じ部分はありますか，それともありませんか。(10点)　（　　）

## ふく習《しゅう》のポイント！

- 植物《しょくぶつ》のからだは，根《ね》・くき・葉《は》からできています。
- たねからめが出て，根・くき・葉が大きく育《そだ》ち，つぼみができて花がさきます。そのあと実《み》ができ，かれてしまいます。

たいせつ

**3** [植物《しょくぶつ》の花と実《み》] **右の図は，花がさき終《お》わったあとのホウセンカをかいたものです。これについて，次《つぎ》の問《と》いに答えましょう。**

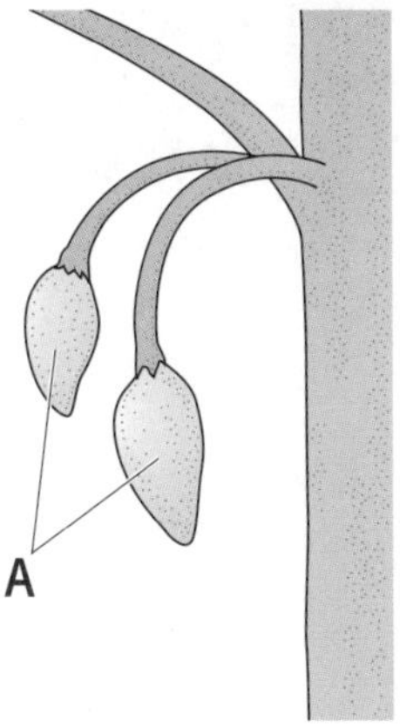


(1) Aは何ですか。(10点)　(　　　)

(2) Aの中に入っているホウセンカのたねはどれですか。次からえらび，記号《きごう》で答えましょう。(5点)　(　　　)

ア
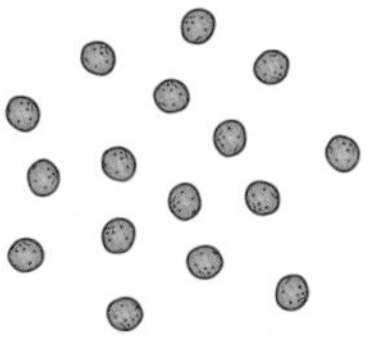

イ
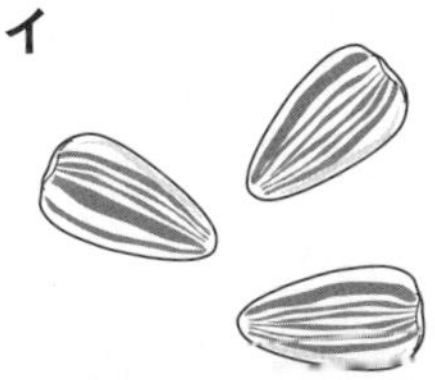

ウ

(3) このあと，ホウセンカはどうなりますか。(10点)　(　　　　　　　)

**4** [植物の育《そだ》つようす] **下の図は，ホウセンカのたねをまいてから育つようすを表《あらわ》したものです。アをはじめとして，ホウセンカが育つじゅんに，イ～カをならべかえましょう。** (10点)

(ア→　　→　　→　　→　　→　　)

ア

イ

ウ
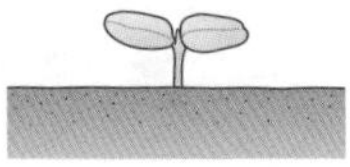

エ

オ

カ

# 2 こん虫を調《しら》べよう

月　日

〈時間〉20分

〈合かく〉80点

〈とく点〉　/100

答え→べっさつ15ページ

**1** ［モンシロチョウの育《そだ》つようす］ **下の図は，モンシロチョウの育つようすを表《あらわ》しています。これについて，あとの問《と》いに答えましょう。**

（36点）1つ6

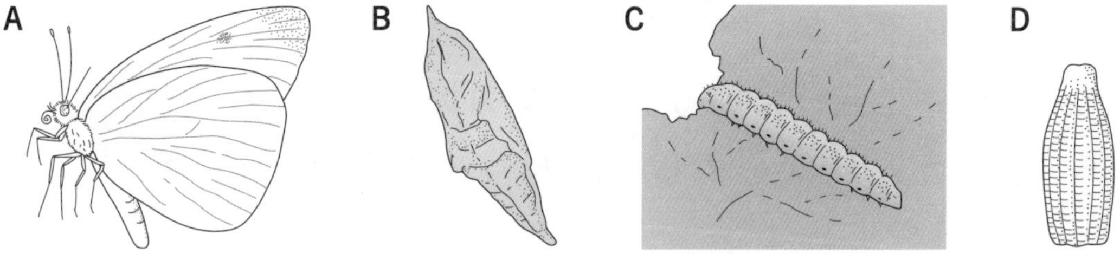


(1) **A**～**D**のようなすがたをそれぞれ何といいますか。下の**ア**～**エ**からえらび，記号《きごう》で答えましょう。

**A**（　　）**B**（　　）**C**（　　）**D**（　　）

**ア** せい虫　**イ** たまご　**ウ** さなぎ　**エ** よう虫

(2) **A**～**D**を育つじゅんにならべかえましょう。

（　→　→　→　）

(3) たまごからかえったよう虫は，はじめに何を食べますか。

（　　）

(4) (3)のあと，よう虫は何を食べますか。次《つぎ》からえらび，記号で答えましょう。（　　）

**ア** ミカンの葉《は》　**イ** キャベツの葉　**ウ** クワの葉

(5) ほとんど動《うご》かず，何も食べなくなるのは，**A**～**D**のどのときですか。（　　）

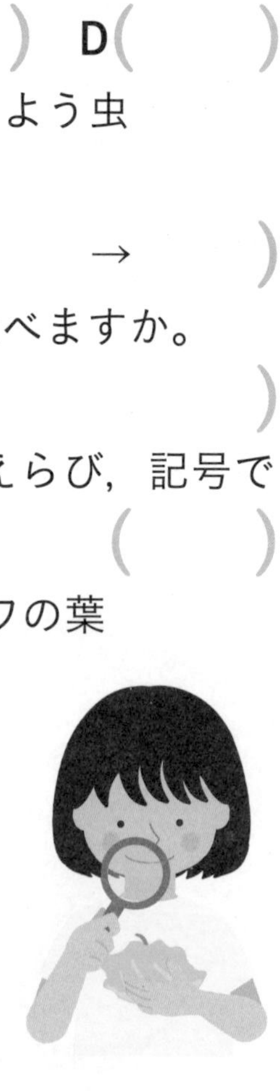

(6) 右の図のように，よう虫のついた葉を手で持《も》って虫めがねでかんさつするとき，葉と虫めがねのどちらを近づけたり遠ざけたりすればよいですか。

（　　）

**ふく習《しゅう》のポイント！**

- チョウは，たまご→よう虫→さなぎ→せい虫と育《そだ》ちます。
- こん虫のからだは，頭・むね・はらの３つの部分《ぶぶん》に分かれており，むねに６本のあしがついています。

たいせつ **2** 〔こん虫のからだのつくり〕 **下の図は，モンシロチョウとバッタのからだのつくりを表《あらわ》しています。これについて，あとの問《と》いに答えましょう。**

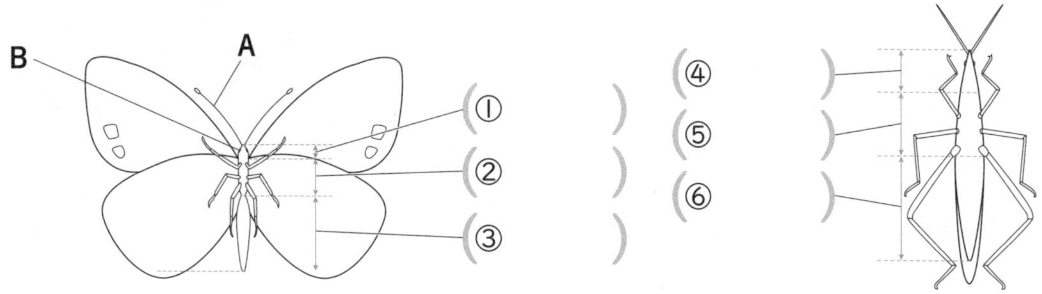


⑴ 図の（　）に，からだの部分《ぶぶん》の名前を書きましょう。(30点)1つ5

⑵ **A**，**B**の部分を何といいますか。(10点)1つ5

**A**（　　　　　）　**B**（　　　　　）

⑶ モンシロチョウのあしは，①～③のどの部分に何本ついていますか。(10点)1つ5　部分（　　）　あし（　　）本

⑷ バッタが育《そだ》つじゅんにならべたものはどれですか。次《つぎ》からえらび，記号《きごう》で答えましょう。(5点)　（　　）

**ア** たまご→よう虫→さなぎ→せい虫

**イ** たまご→よう虫→せい虫　　**ウ** たまご→さなぎ→せい虫

たいせつ **3** 〔生き物《もの》のかかわり〕 **次の文の（　）にあてはまることばを，下の〔　〕からえらんで書き入れましょう。**(9点)1つ3

植物《しょくぶつ》や動物《どうぶつ》は，（①　　　　　）によって，形や色，大きさなどのすがたがそれぞれちがいます。また，動物は（②　　　　　）がある場所《ばしょ》や身《み》をまもるのにつごうがよい場所を（③　　　　　）にしています。

〔あしの数　　すみか　　しゅるい　　食べ物〕

# 3 日なたと日かげ

| 月 | 日 |
|---|---|

〈時間〉20分　〈合かく〉80点　〈とく点〉　/100

答え→べっさつ15ページ

たいせつ **1** ［かげのでき方］ **図1のようにして，太陽《たいよう》とかげの向《む》きを調《しら》べました。これについて，次《つぎ》の問《と》いに答えましょう。** (24点)1つ8

図1

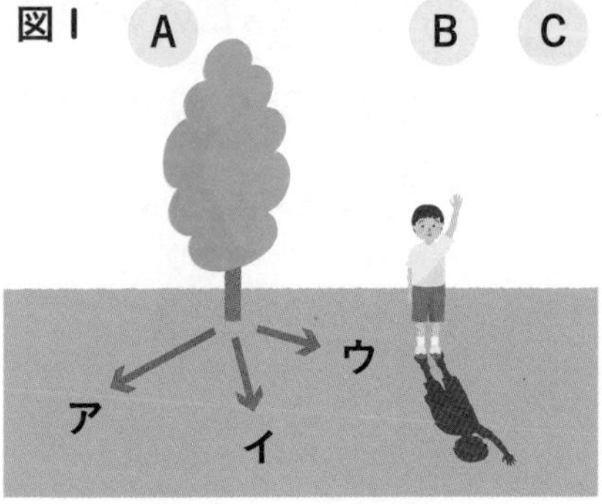


(1) **図1**で，木のかげは**ア～ウ**のどの向きにできますか。（　　）

(2) **図1**で，太陽は**A～C**のどの方向《ほうこう》にありますか。（　　）

(3) 太陽を見るときに使《つか》う，**図2**のような道《どう》具《ぐ》を何といいますか。（　　　　）

図2

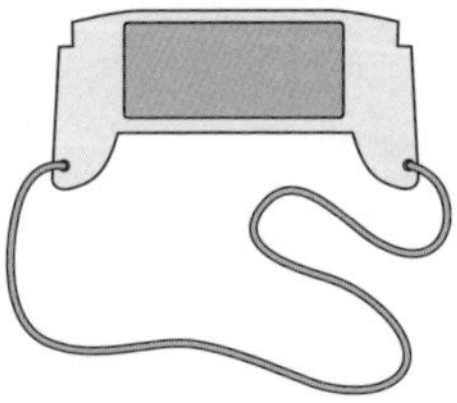

**2** ［太陽の動《うご》きとかげ］ **右の図のようにして，太陽の1日の動きとかげの向きを調べました。これについて，次の問いに答えましょう。**

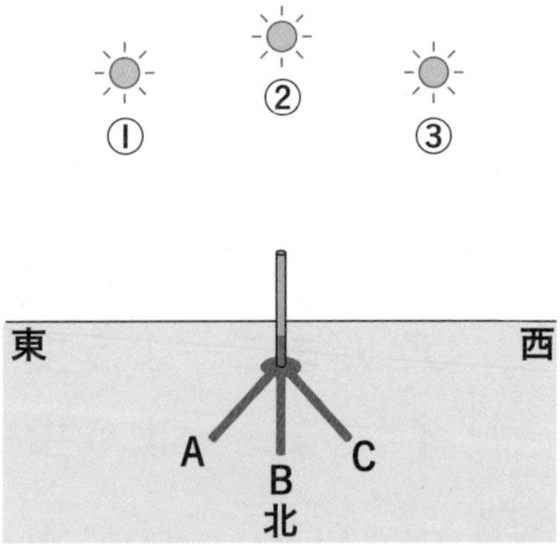


(1) 太陽の動きで正しいものは次の**ア**，**イ**のどちらですか。(8点)（　　）

**ア** 西→南→東　　**イ** 東→南→西

(2) 太陽が①～③にあるときにできるかげは，**A～C**のどれですか。(24点)1つ8　①（　　）②（　　）③（　　）

(3) 方いじしんのはりが右の図のようになったとき，**P～S**のどこを「北」の文字に合わせればよいですか。(8点)（　　）

**ふく習《しゅう》のポイント！**

- かげは太陽《たいよう》と反対《はんたい》がわにできます。
- 太陽は東から南の空を通って西へ動《うご》きます。
- 日なたと日かげの地面《じめん》のようすはちがっています。

**3** 〔日なたと日かげのちがい〕 **図のようにして，日なたと日かげの地面《じめん》のようすを調《しら》べました。次《つぎ》の(1)～(3)は，日なたと日かげのどちらのようすですか。** (15点)1つ5

(1) 明るい (　　　)

(2) つめたい (　　　)

(3) 少ししめっている (　　　)

たいせつ **4** 〔地面の温度《おんど》〕 **温度計を使《つか》って，地面の温度をはかりました。これについて，次の問《と》いに答えましょう。** (21点)1つ7

(1) 日なたの地面の温度のはかり方として正しいものはどれですか。右の**ア**～**エ**からえらび，記号《きごう》で答えましょう。 (　　　)

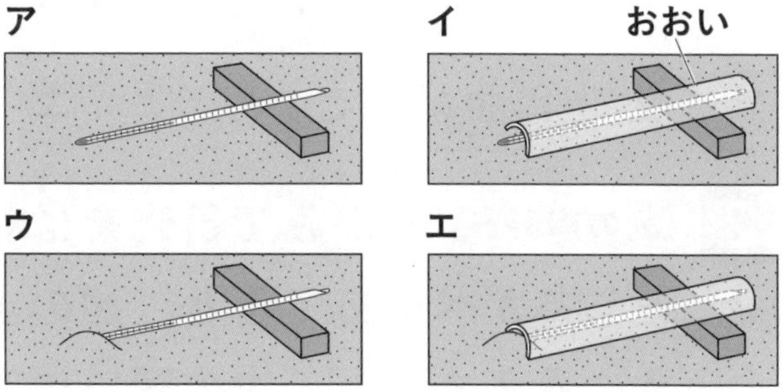


(2) 温度計の目もりは，右の図の**A**～**C**のどこから読めばよいですか。 (　　　)

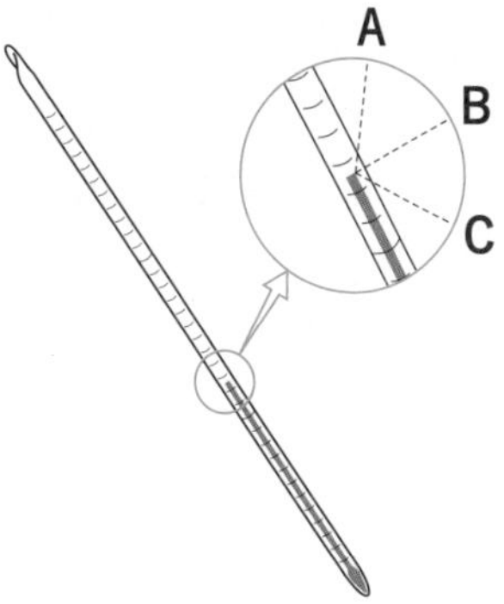


(3) 午前10時と正午の日なたと日かげの地面の温度を表《ひょう》にまとめました。日なたは，**ア**，**イ**のどちらですか。 (　　　)

| 午前10時 | | 正午 | |
|---|---|---|---|
| ア | イ | ア | イ |
| 20℃ | 15℃ | 27℃ | 18℃ |

# 4 光と音について調《しら》べよう

月　日

〈時間〉20分　〈合かく〉80点　〈とく点〉　/100

答え→べっさつ16ページ

たいせつ **1** [光の進《すす》み方] **右の図のように，かがみで太陽《たいよう》の光をはね返《かえ》して日かげのかべに光をあてました。次《つぎ》の問《と》いに答えましょう。** (20点)1つ10

(1) 日なたと日かげでは，光の道すじはどちらがはっきり見えますか。(　　　　)

(2) かがみではね返した光は，どのように進《すす》みますか。次からえらび，記号《きごう》で答えましょう。(　　)

**ア** まっすぐに進む。　**イ** 右に曲《ま》がって進む。

**ウ** 上に曲がって進む。　**エ** 左に曲がって進む。

たいせつ **2** [光の進み方] **かがみで日光をはね返してかべにあてると，図のように見えました。次の問いに答えましょう。** (20点)1つ10

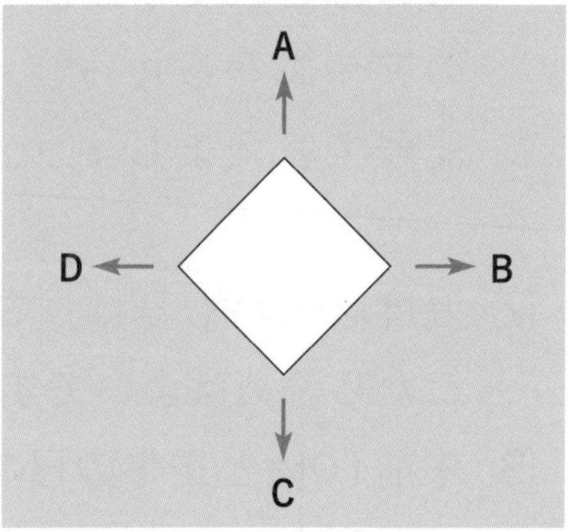


(1) このとき使《つか》ったかがみはどんな形ですか。次からえらび，記号で答えましょう。(　　)

(2) かがみを左に向《む》けると，かべにあたった光はどちらのほうへ動《うご》きますか。図のA～Dからえらびましょう。(　　)

**ふく習《しゅう》のポイント！**

- 光はまっすぐに進《すす》みます。
- 光を重《かさ》ねるほど明るさは明るくなり，温度《おんど》も高くなります。
- 音の大きさが大きいほど，もののふるえ方は大きくなります。

**3** ［明るさとあたたかさ］ **右の図は，3まいのかがみを使《つか》って日光をはね返《かえ》し，かべにあてたときのようすです。これについて，次《つぎ》の問《と》いに答えましょう。** (30点)1つ10

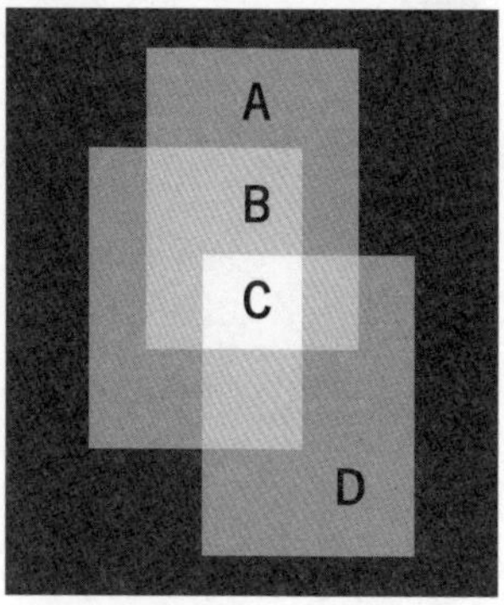


(1) **A～D**のうち，いちばん明るいところはどこですか。 （　　）

(2) **A～D**のうち，手をあててみるといちばんあたたかいのはどこですか。 （　　）

(3) あたたかさが同じくらいなのは，**A～D**のどことどこですか。次からえらび，記号《きごう》で答えましょう。 （　　）

**ア** **A**と**B**　　**イ** **A**と**D**　　**ウ** **B**と**C**　　**エ** **B**と**D**

**4** ［音のせいしつ］ **右の図のように，トライアングルをたたくと，トライアングルがふるえて，音が出ました。これについて，次の問いに答えましょう。** (30点)1つ10

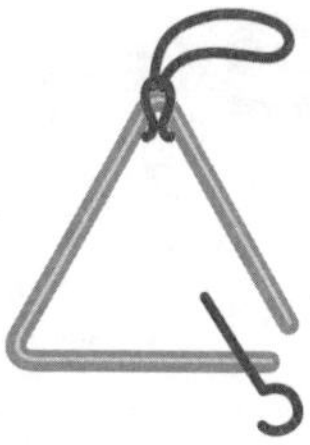

(1) 大きい音が出ているとき，トライアングルはどうなっていますか。次からえらび，記号で答えましょう。 （　　）

**ア** ふるえ方が大きい。　　**イ** ふるえ方が小さい。

**ウ** ふるえ方はかわらない。

(2) トライアングルのふるえをとめると，音はどうなりますか。

（　　　　　　）

(3) ものから音が出ているとき，ものはふるえていますか，ふるえていませんか。 （　　　　　　）

# 5 ものの重《おも》さをくらべよう

月　　日

〈時間〉20分　〈合かく〉80点　〈とく点〉　　/100

答え → べっさつ16ページ

たいせつ **1** ［身のまわりのものの重《おも》さ］ **下の図のものの重さを手で持ってくらべました。あとの問《と》いに答えましょう。**

A

わた

B
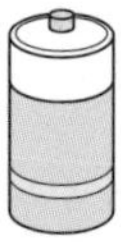
かん電池

C
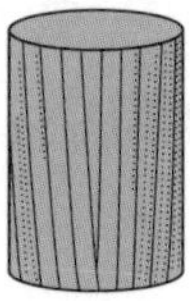
つみ木

⑴ 同じ体せきのとき，**A**～**C**のうち，重さがいちばん重いものといちばん軽《かる》いものはそれぞれどれですか。(14点)1つ7

重い（　　　）　軽い（　　　）

⑵ 同じ重さのとき，**A**～**C**のうち，体せきがいちばん大きいものといちばん小さいものはそれぞれどれですか。(14点)1つ7

大きい（　　　）　小さい（　　　）

**2** ［ものの形と重さ］ **右の図のようなはかりで，まるめたねんどの重さを調《しら》べたところ，80g でした。次《つぎ》の問いに答えましょう。**

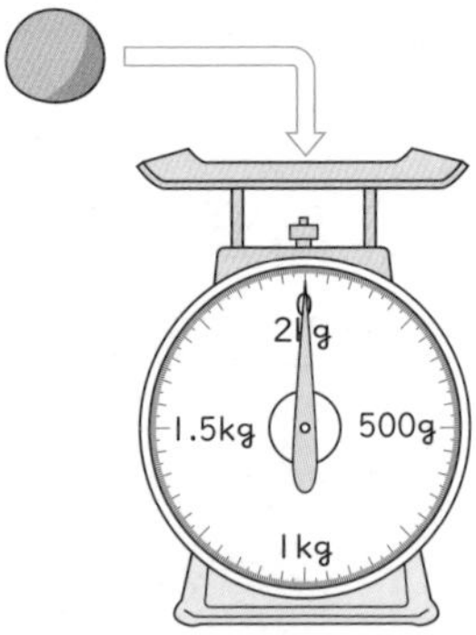


⑴ まるめたねんどの形を次の①～③のようにして，はかりで重さを調べるとそれぞれ何gになっていますか。(21点)1つ7

① 小さく分ける。　② うすく広げる。　③ 細くのばす。

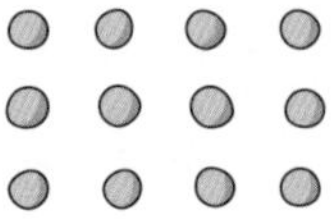
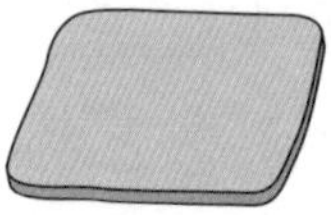
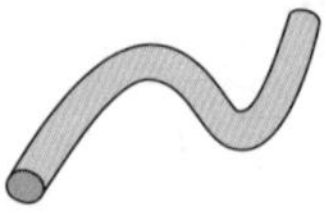

（　　　）g　（　　　）g　（　　　）g

⑵ ものの形がかわると，重さはどうなりますか。(7点)

（　　　　　　　）

## ふく習《しゅう》のポイント！

- ものの形やおき方をかえても，重《おも》さはかわりません。
- ものの体せきが同じでも，もののしゅるいによって重さはちがいます。

たいせつ **3** ［ものの体せきと重《おも》さ］ **右の図のようなはかりで，同じ体せきの木，鉄《てつ》，ゴムの重さを調《しら》べました。これについて，次《つぎ》の問《と》いに答えましょう。** (16点)1つ8

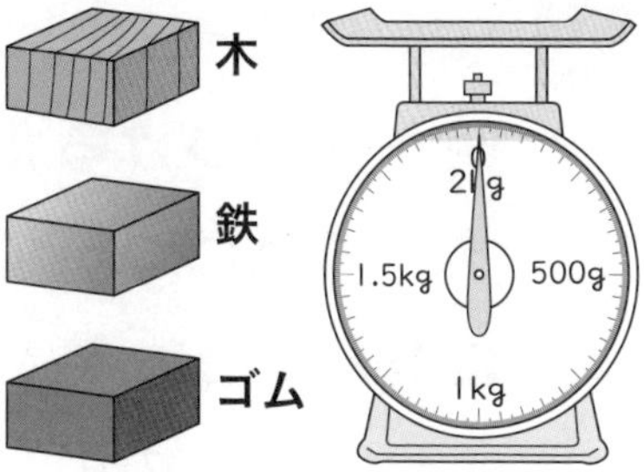


(1) 図のものの重さのせつ明として正しいものを，次からえらび，記号《きごう》で答えましょう。（　　）

**ア** 木がいちばん重い。　**イ** 鉄がいちばん重い。

**ウ** ゴムがいちばん重い。　**エ** どれも重さは同じ。

(2) ものの体せきが同じとき，もののしゅるいによって重さはどうなっていますか。（　　）

**4** ［ものの重さくらべ］ **下の図の(1)〜(4)のとき，てんびんはつりあいますか。つりあうときは「○」，右にかたむくときは「右」，左にかたむくときは「左」と書きましょう。ただし，はゴム，は鉄で，1この体せきはすべて同じとします。** (28点)1つ7

(1)

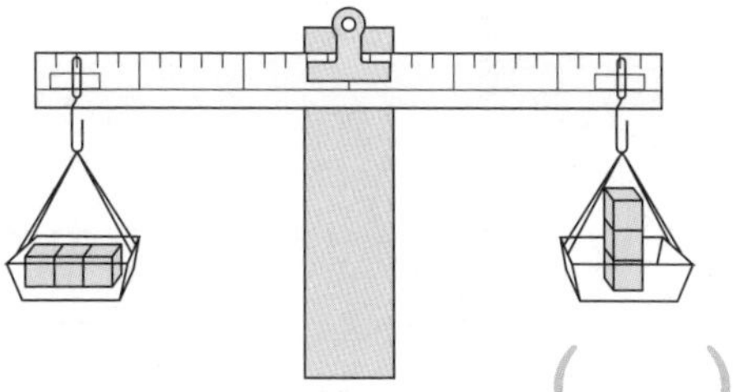

（　　）

(2)

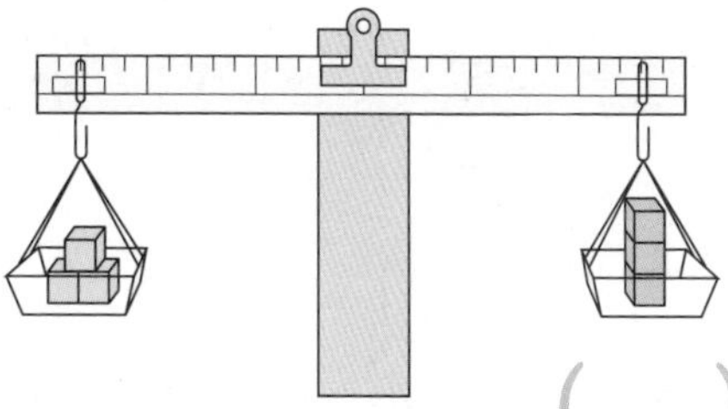

（　　）

(3)

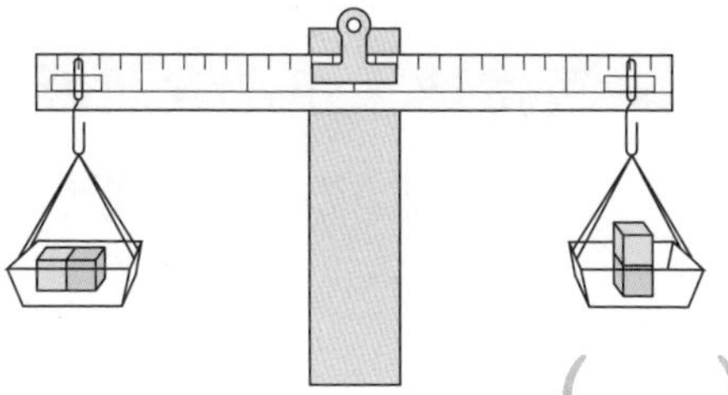

（　　）

(4)

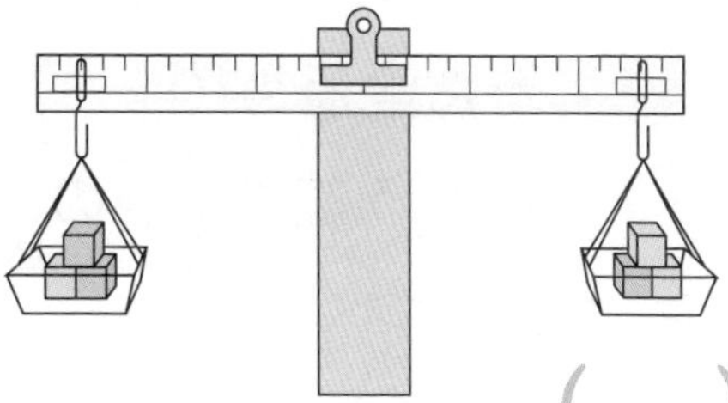

（　　）

# 6 明かりをつけよう ①

月　日

〈時間〉20分　〈合かく〉80点　〈とく点〉　/100

答え→べっさつ16ページ

**1** [明かりをつける道具《どうぐ》] **右の図は，明かりをつけるための道具です。これについて，次《つぎ》の問《と》いに答えましょう。**

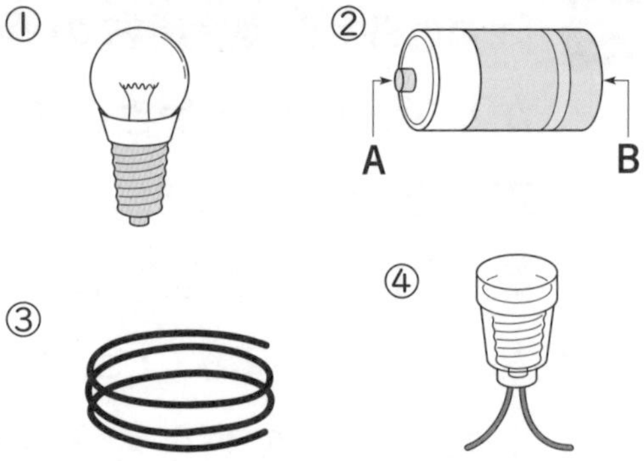


(1) ①～④のものの名前を書きましょう。(28点)1つ7

①(　　　　)　②(　　　　)

③(　　　　)　④(　　　　)

(2) 図の②のA，Bの部分《ぶぶん》はそれぞれ何きょくですか。(14点)1つ7

A(　　　　)　B(　　　　)

たいせつ **2** [明かりがつくとき] **ソケットを使《つか》って，豆電球《まめでんきゅう》とかん電池をつなぎました。次の問いに答えましょう。**

(1) **ア**～**エ**のうち，豆電球に明かりがつくものを，次からえらび，記号《きごう》で答えましょう。(6点)

(　　　　)

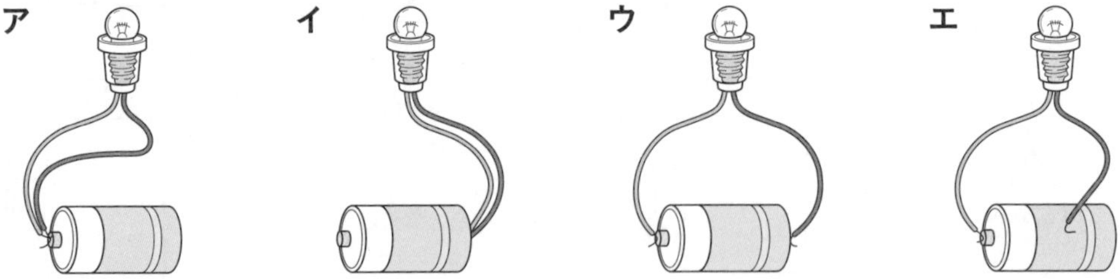


(2) 次の文の(　)に合うことばを，下の〔　〕からえらんで書き入れましょう。(12点)1つ6

かん電池の(①　　　　)・豆電球・かん電池の－《マイナス》きょくがどう線で1つの(②　　　　)につながっていると明かりがつく。

〔　電気　＋きょく　－きょく　直線　わ　〕

**ふく習《しゅう》のポイント！**

かん電池の＋《プラス》きょく，豆電球《まめでんきゅう》，かん電池の−《マイナス》きょくをどう線で１つのわになるようにつなぐと，明かりがつきます。

**3** ［どう線のつなぎ方］ **下の図は，どう線のつなぎ方をかいたものです。A～Dをつなぐじゅんにならべかえましょう。** (5点)

A　B　C　D

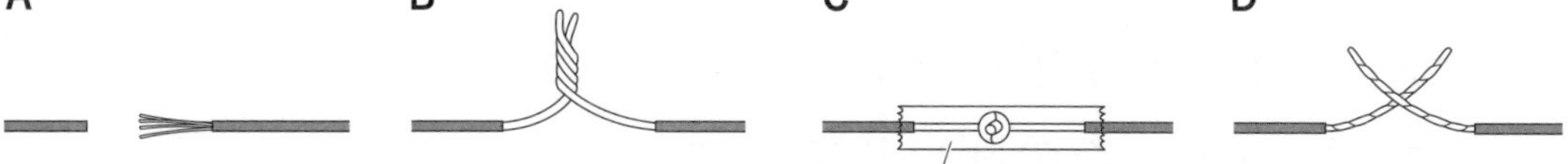

A ビニルをはがす。　B ねじりあわせる。　C ビニルテープをまく。　D それぞれねじる。

（　　→　　→　　→　　）

**4** ［明かりがつくとき］ **ソケットを使《つか》わないで，豆電球《まめでんきゅう》をかん電池につなぎました。これについて，次《つぎ》の問《と》いに答えましょう。**

(1) 豆電球の中の線はどのようにつながっていますか。次からえらび，記号《きごう》で答えましょう。(7点)　（　　）

ア

イ

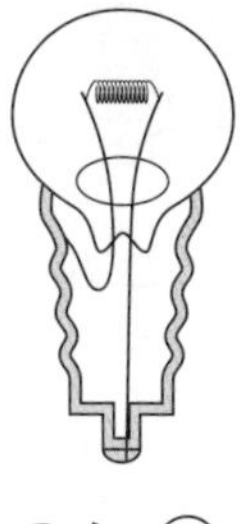

ウ

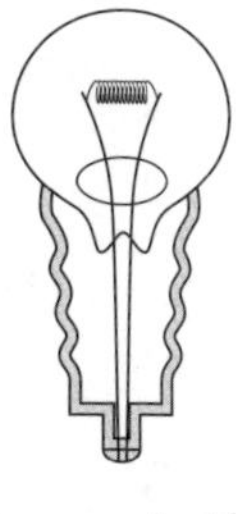

(2) 下の図で，明かりのつくものに○，つかないものに×を書きましょう。(28点)1つ7

①（　　）　②（　　）　③（　　）　④（　　）

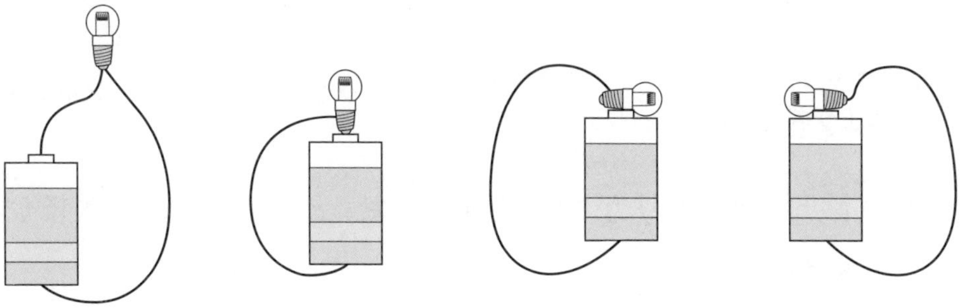

# 7 明かりをつけよう ②

月　日

〈時間〉20分　〈合かく〉80点　〈とく点〉/100

答え➔べっさつ17ページ

たいせつ **1** 〔電気を通すもの〕 **図のようにつないだどう線のAとBの間にいろいろなものをつないで，明かりがつくかどうかを調《しら》べました。これについて，次《つぎ》の問《と》いに答えましょう。**

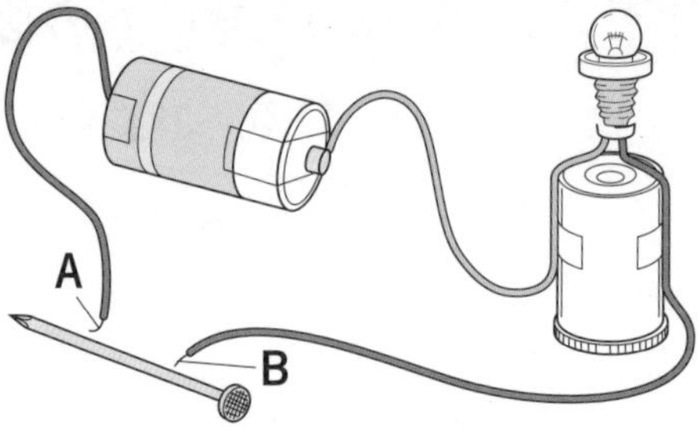


(1) 下の①～⑧を**A**と**B**の間につないだとき，明かりがつくものには○を，明かりがつかないものには×をつけましょう。

(56点)1つ7

①(　　)　②(　　)　③(　　)　④(　　)

**はさみ(切る部分《ぶぶん》)**

**けしゴム**

**10円玉**

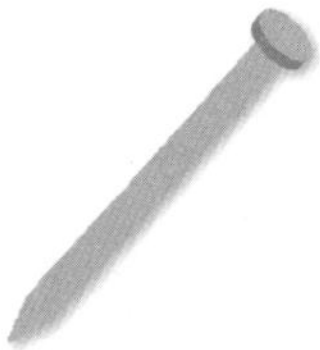
**鉄《てつ》のくぎ**

⑤(　　)　⑥(　　)　⑦(　　)　⑧(　　)

**プラスチックのじょうぎ**

**ガラスのコップ**

**クリップ**

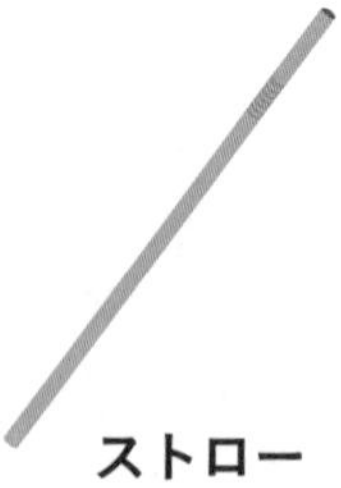
**ストロー**

(2) (1)で豆電球《まめでんきゅう》の明かりがついたものは，どれも何でできているといえますか。(7点)

(　　)

**ふく習《しゅう》のポイント！**

- ものには，電気を通すものと通さないものがあります。金ぞくは電気をよく通します。
- スイッチのつくり方と使《つか》い方をおぼえましょう。

たいせつ **2** [電気を通さないもの] **アルミニウムでできたあきかんが電気を通すかどうかを調《しら》べました。これについて，次《つぎ》の問《と》いに答えましょう。** (21点)1つ7

(1) 明かりがつくものはどれですか。右の**ア**～**ウ**からえらび，記《き》号《ごう》で答えましょう。

(　　)

(2) アルミニウムのかんの色がついたところは電気を通しますか。 (　　　　)

(3) アルミニウムのかんの色をはがしたところは電気を通しますか。 (　　　　)

**3** [スイッチのつくり方] **右の図のようにして明かりをつけたり消《け》したりします。次の問いに答えましょう。** (16点)1つ8

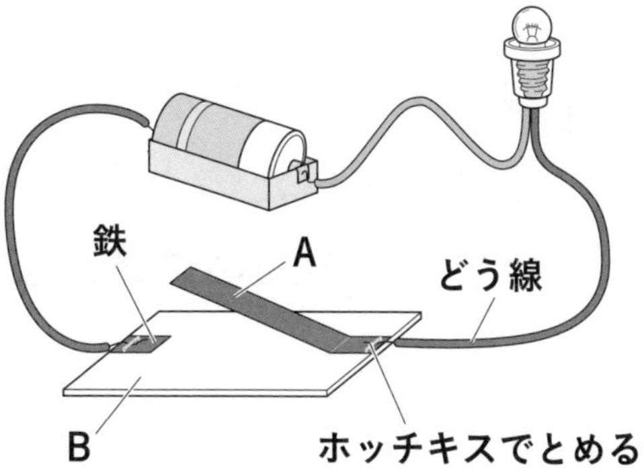


(1) **A**をおさえてとじたときだけ明かりがつくようにします。このようなものを何といいますか。 (　　　　)

(2) (1)をつくるとき，**A**，**B**のざいりょうとしてよいものを次からえらび，記号で答えましょう。 (　　)

**ア**　**A**はアルミニウム，**B**は鉄《てつ》　　**イ**　**A**も**B**もだんボール紙

**ウ**　**A**はアルミニウム，**B**はだんボール紙

月　日

〈時間〉20分　〈合かく〉80点　〈とく点〉　/100

# 8 風やゴムのはたらき

答え→べっさつ17ページ

**1** [風の強さとものの動《うご》き方] **下の図のように，車に風をあてたときに動いたきょりをはかりました。表《ひょう》はそのけっかをまとめたものです。これについて，あとの問《と》いに答えましょう。** (27点)1つ9

| | 弱い風 | 強い風 |
|---|---|---|
| 1回目 | 4m | 7m |
| 2回目 | 3m | 6m |
| 3回目 | 4m | 6m |

(1) 車が動いたことから，風にはどのようなはたらきがあることがわかりますか。（　　　　　）

(2) 動いたきょりが短《みじか》いのは，弱い風，強い風のどちらをあてたときですか。（　　　）

(3) 動く速《はや》さがはやいのは，弱い風，強い風のどちらをあてたときですか。（　　　）

たいせつ **2** [風のはたらき] **右の図は，風がふいているときのはたのようすです。これについて，次《つぎ》の問いに答えましょう。** (30点)1つ10

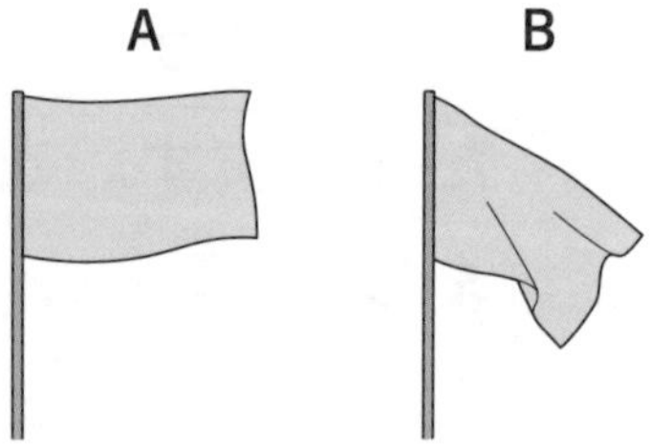


(1) 強い風がふいているのは，A，Bのどちらですか。（　　）

(2) 風がふかなくてもはたは動きますか，動きませんか。（　　　）

(3) 風のはたらきをりようしたものを，次からえらび，記号《きごう》で答えましょう。（　　）

**ア** 風力発電《ふうりょくはつでん》　**イ** 水車　**ウ** ゴム手ぶくろ

**ふく習《しゅう》のポイント！**

- 風にはものを動《うご》かすはたらきがあり，風が強いほどそのはたらきが大きくなります。
- 風と同じように，ゴムにもものを動かすはたらきがあります。

たいせつ

**3** ［ゴムのはたらき］ **右の図のように，１本のわゴムをのばしました。これについて，次《つぎ》の問《と》いに答えましょう。** (16点)1つ8

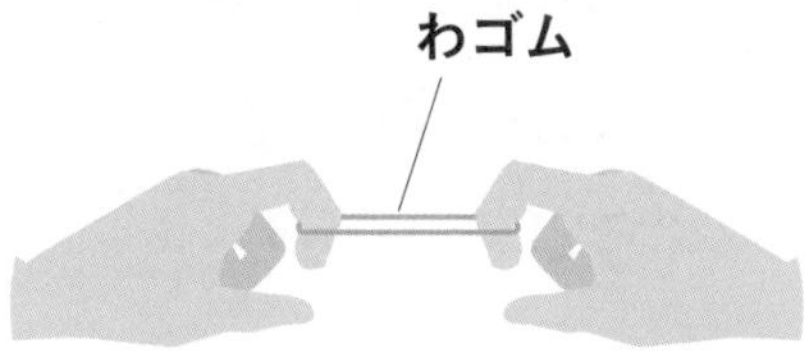


(1) のばしたわゴムには，どのようなせいしつがありますか。

（　　　　　　　　　　　　）

(2) わゴムを３本たばねて図と同じようにのばすと，１本のときとくらべて手ごたえはどうなりますか。（　　　　　　）

**4** ［ゴムの強さとものの動《うご》き方］ **下の図のように，のばしたわゴムで車を動かし，そのきょりをはかりました。表《ひょう》はそのけっかをまとめたものです。これについて，あとの問いに答えましょう。** (27点)1つ9

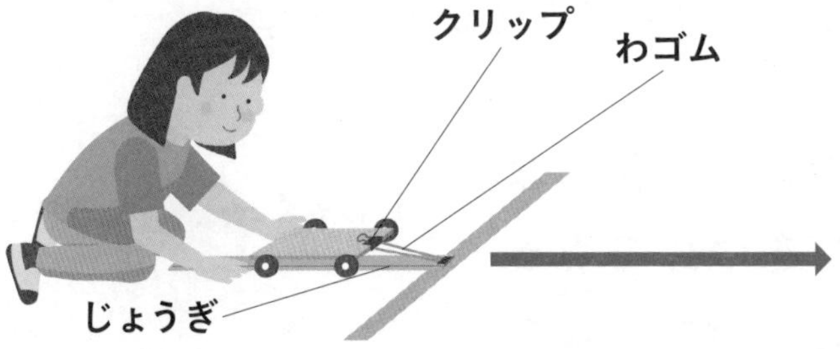


| のばしたわゴムの長さ | 短《みじか》い | 長い |
|---|---|---|
| １回目 | ３ m | ５ m |
| ２回目 | ３ m | ６ m |
| ３回目 | ４ m | ６ m |

(1) 車が動いたことから，のばしたわゴムにはどのようなはたらきがあることがわかりますか。（　　　　　　　　）

(2) 動いたきょりが長いのは，のばしたわゴムの長さが長いとき，短いときのどちらですか。（　　　　）

(3) 動く速《はや》さがおそいのは，のばしたわゴムの長さが長いとき，短いときのどちらですか。（　　　　）

# 9 じしゃくにつけよう ①

月　日

〈時間〉20分　〈合かく〉80点　〈とく点〉　/100

答え→べっさつ17ページ

たいせつ **1** [じしゃくにつくもの] **下の図のものについて，じしゃくにつくかどうかを調《しら》べました。これについて，あとの問《と》いに答えましょう。** (21点)1つ7

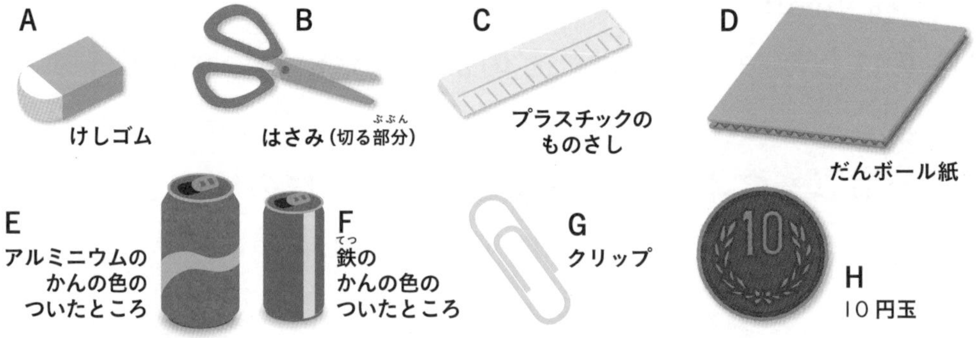


(1) 図の**A**～**H**のもののうち，じしゃくにつくものをすべてえらび，記号《きごう》で答えましょう。　（　　　　）

(2) 図の**A**～**H**のもののうち，電気を通すものをすべてえらび，記号で答えましょう。　（　　　　）

(3) じしゃくにつくものは，何でできていますか。　（　　　　）

たいせつ **2** [じしゃくの力] **右の図のように強力なじしゃくにクリップをつけて引っぱりました。これについて，次《つぎ》の問いに答えましょう。** (16点)1つ8

(1) じしゃくをクリップから5mmほどはなすと，クリップは下に落《お》ちますか。　（　　　　）

(2) じしゃくとクリップの間に下じきを入れると，クリップは下に落ちますか。　（　　　　）

**ふく習《しゅう》のポイント！**

- じしゃくには鉄《てつ》を引きつける力があり，その力は少しはなれていてもはたらきます。
- じしゃくの鉄をよく引きつけるところをきょくといいます。

たいせつ

## 3 [じしゃくの力] 右の図のようにじしゃくにくぎをつけ，くぎをつまんで下に引きました。これについて，次《つぎ》の問《と》いに答えましょう。

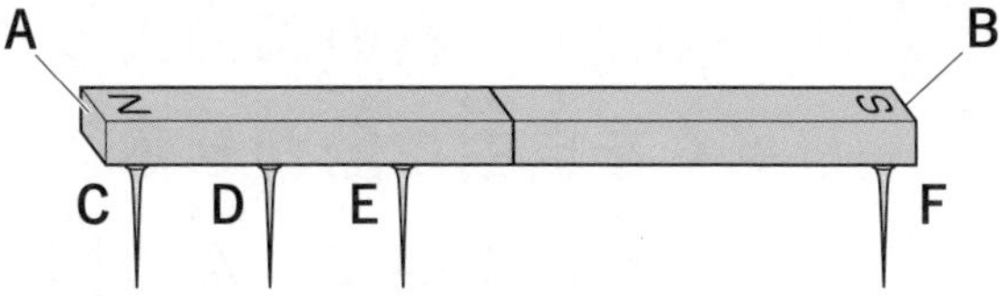


(1) じしゃくのA，Bの部分《ぶぶん》を何といいますか。(14点)1つ7

A(　　　　)　B(　　　　)

(2) くぎを引きつける力が大きいじゅんに，C～Eをならべましょう。(7点)

(　　→　　→　　)

(3) Fのくぎを引きつける力は，C～Eのどこと同じくらいですか。1つえらび，記号《きごう》で答えましょう。(7点)

(　　)

## 4 [じしゃくのきょく] 次の問いに答えましょう。

(1) 下の図のように，2つのじしゃくを近づけました。引きあうものには○，しりぞけあうものには×をつけましょう。(28点)1つ7

①

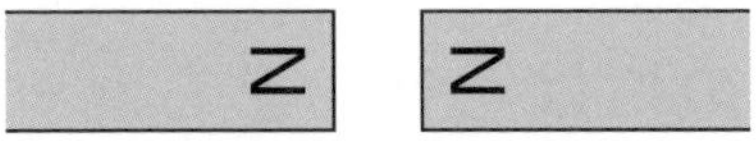


(　)

②

(　)

③

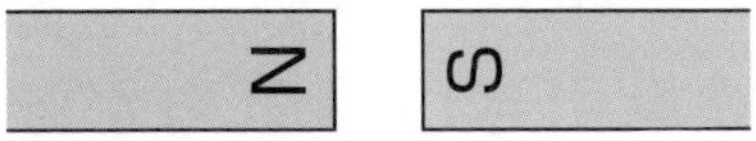


(　)

④

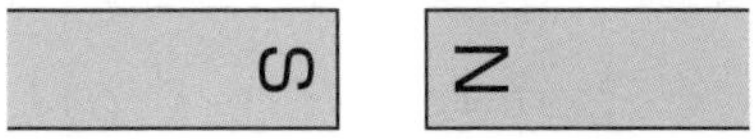


(　)

(2) 右の図のように，しるしのないじしゃくにべつのじしゃくを近づけると引きあいました。Aの部分は何きょくですか。(7点)

(　　　　)

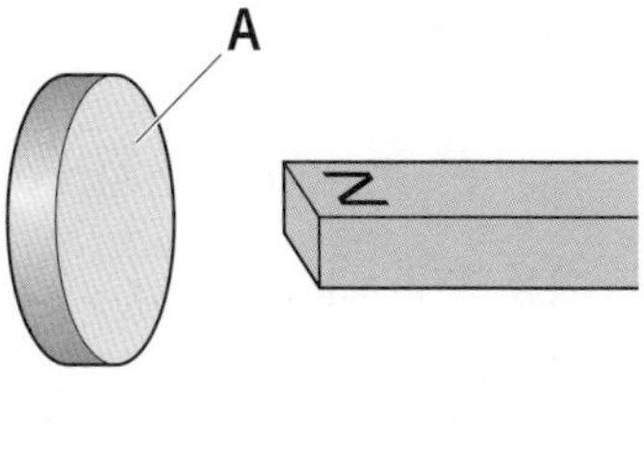

# 10 じしゃくにつけよう ②

月　日

〈時間〉20分　〈合かく〉80点　〈とく点〉　/100

答え→べっさつ17ページ

たいせつ **1** [じしゃくのきょく] **右の図のようにして，じしゃくを自由《じゆう》に動《うご》かせるようにしました。これについて，次《つぎ》の問《と》いに答えましょう。** (16点)1つ8

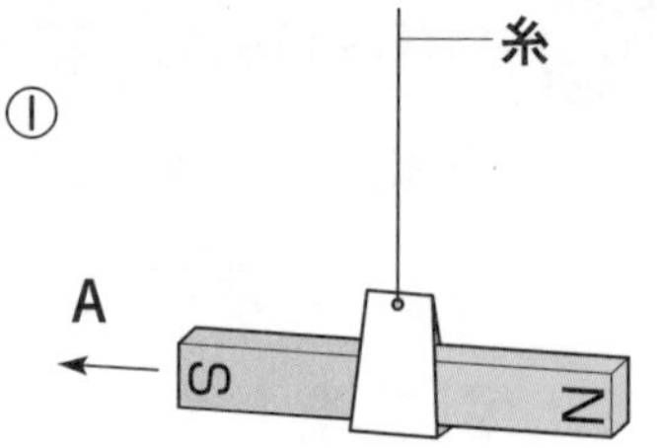


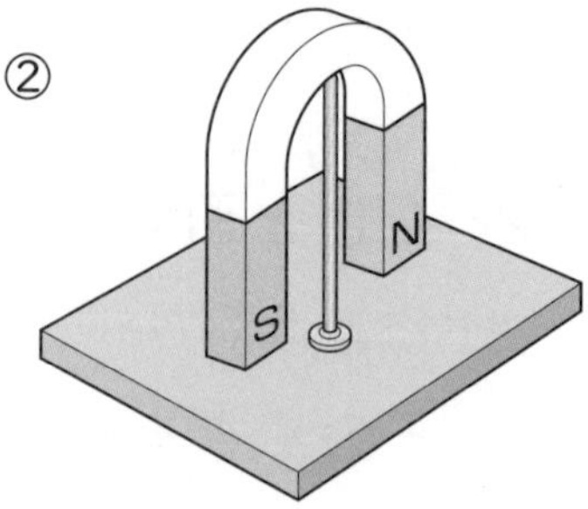


(1) ①，②のじしゃくのN《エヌ》きょくとS《エス》きょくの向《む》きはどうなりますか。次からえらび，記号《きごう》で答えましょう。（　　）

**ア** それぞれちがう向きにとまる。

**イ** どちらも同じ向きにとまる。

**ウ** どちらも手をはなしたときのまま動かない。

(2) ①のじしゃくが図のような向きにとまっているとき，**A**のやじるしはどの方いをさしていますか。次からえらび，記号で答えましょう。（　　）

**ア** 東　**イ** 西　**ウ** 南　**エ** 北

たいせつ **2** [じしゃくのきょく] **次の文で，正しいものには○を，まちがっているものには×をつけましょう。** (40点)1つ8

(1) 自由に動くようにしたじしゃくは，南北をさす。（　　）

(2) SきょくよりもNきょくのほうが鉄《てつ》を引きつける力が強い。（　　）

(3) 方いじしんにじしゃくのSきょくを近づけると，回りだしてとまらなくなる。（　　）

(4) 方いじしんのはりにはさ鉄がつく。（　　）

(5) Nきょくしかないじしゃくもある。（　　）

**ふく習《しゅう》のポイント！**

自由《じゆう》に動《うご》くようにしたじしゃくは，いつもN《エヌ》きょくが北をさし，S《エス》きょくが南をさしてとまります。

**3** ［じしゃくについたくぎ］ **右の図のように，強力なじしゃくに鉄《てつ》のくぎをつけました。次《つぎ》の問《と》いに答えましょう。**

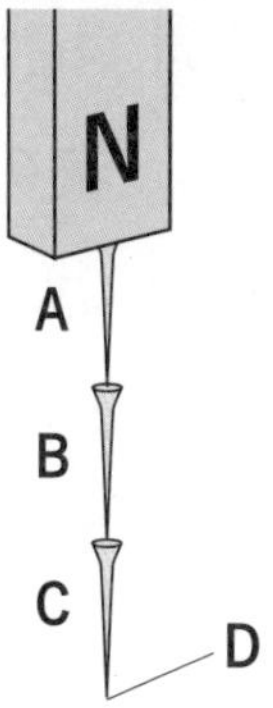


(1) Aのくぎを持《も》って，じしゃくからそっとはなしました。BとCのくぎはそれぞれ，落《お》ちますか，落ちませんか。(16点)1つ8

B（　　　　）　C（　　　　）

(2) Bのくぎを，クリップに近づけました。クリップはどうなりますか。(8点)

（　　　　　　　　）

(3) CのくぎのDの部分《ぶぶん》に方いじしんを近づけると，方いじしんのはりが右の図のようになりました。Dの部分は何きょくになっていますか。(8点)（　　　　）

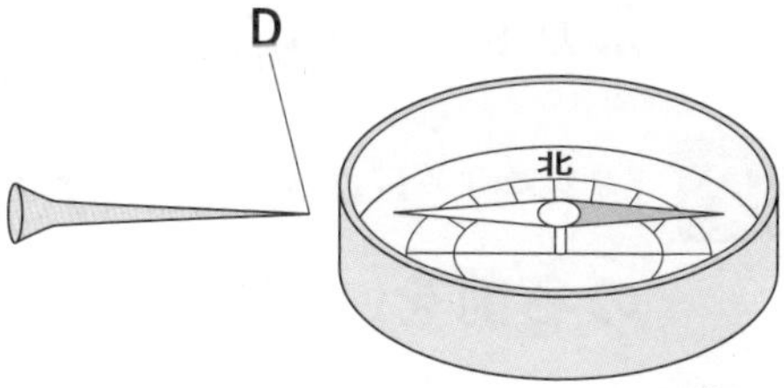

たいせつ

**4** ［方いじしん］ **右の図のような方いじしんについて，次の問いに答えましょう。** (12点)1つ6

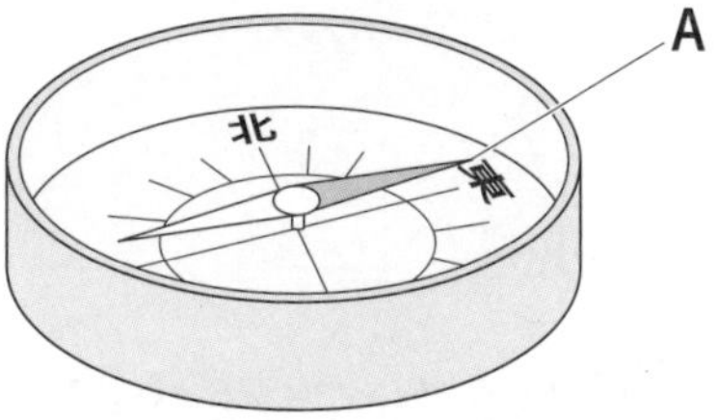


(1) 図のようになってとまっているとき，方いじしんのはりの色をぬった部分Aは，どの方いをさしていますか。

（　　　　）

(2) 方いじしんのはりは，何になっていますか。

（　　　　　　）

11

# 仕《し》上《あ》げテスト

| 月 | 日 |
|---|---|
| 〈時間〉30分 | 〈とく点〉 |
| 〈合かく〉80点 | /100 |

答え→べっさつ18ページ

**1** ［植物《しょくぶつ》の育《そだ》ち方］ **次《つぎ》の問《と》いに答えましょう。** (12点)1つ4

(1) 次の**ア**～**カ**を，**ア**をはじめとして，ホウセンカの育つじゅんにならべましょう。

（**ア**→　　→　　→　　→　　→　　）

**ア**　たねをまく。　　**イ**　実《み》がはじけてたねが出る。

**ウ**　花がさく。　　**エ**　小さくまるい葉《は》が2まい出る。

**オ**　実ができる。　　**カ**　くきがのびて大きい葉がふえる。

(2) (1)の**エ**の小さい葉を何といいますか。（　　）

(3) ホウセンカの実からとったたねは，マリーゴールドのたねと形がにていますか，にていませんか。（　　）

**2** ［こん虫］ **下の図はアゲハの育つようすです。それぞれのすがたの名前を（　）に，また，育つじゅんに1～4の番号《ばんごう》を□に書きましょう。** (16点)1つ2

①（　　）　②（　　）　③（　　）　④（　　）

□　□　□　□

**3** ［植物とこん虫のからだ］ **次の文のうち，正しいものには○，まちがっているものには×をつけましょう。** (12点)1つ4

(1) こん虫のからだは頭・むね・はらに分かれている。（　　）

(2) こん虫のはらには6本のあしがある。（　　）

(3) 植物のからだはくき・葉・花だけからできている。（　　）

**4** ［虫めがねを通った光］ **図は，虫めがねを通った日光をだんボール紙にあてているようすです。これについて，次《つぎ》の問《と》いに答えましょう。** (12点)1つ4

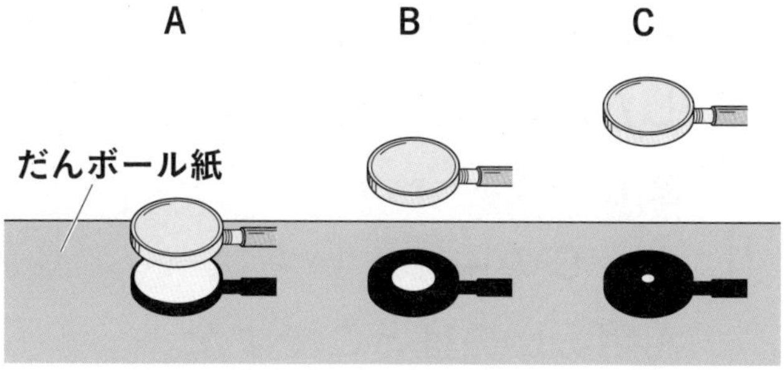


(1) 虫めがねを通った光はどうなりますか。次からえらび，記号《きごう》で答えましょう。

**ア** 広がる。

**イ** かわらない。

**ウ** いちど集《あつ》まってから広がる。　（　　）

(2) **A**～**C**のうち，しばらくするとけむりが出てくるのはどれですか。　（　　）

(3) (2)で，けむりが出てくるのはなぜですか。

（　　　　　　　　　　　　　　　　）

**5** ［ものの重《おも》さ］ **右の図のようなはかりで，ねんどの重さを調《しら》べました。これについて，次の問いに答えましょう。** (8点)1つ4

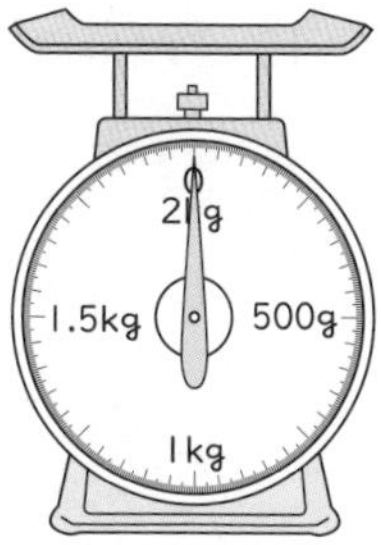


(1) **A**，**B**のようにねんどのおき方をかえると，重さはどうなりますか。次からえらび，記号で答えましょう。　（　　）

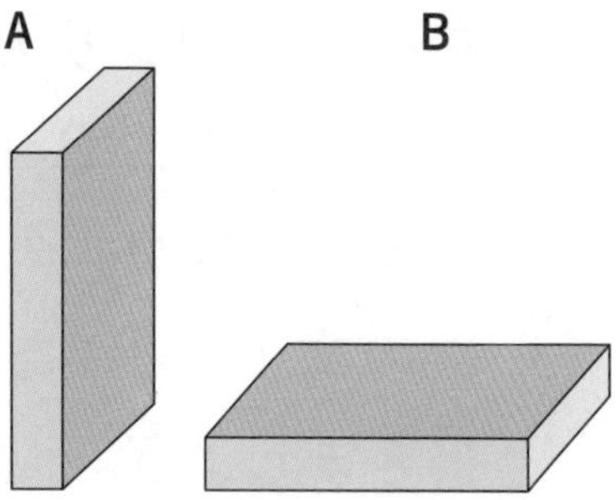


**ア** **A**のほうが**B**より重い。

**イ** **B**のほうが**A**より重い。

**ウ** **A**と**B**は同じ重さになる。

(2) ねんどと同じ体せきの鉄《てつ》の重さを調べました。ねんどとくらべると重さは同じですか，ちがいますか。　（　　）

**6** ［太陽《たいよう》の光と温度《おんど》］ **図のように，かがみではね返《かえ》した光をかべにあてました。次《つぎ》の問《と》いに答えましょう。**（12点）1つ4

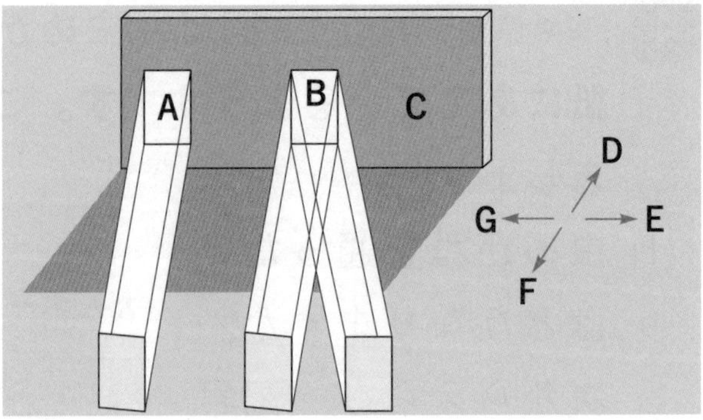


⑴ **A**～**C**の中で，いちばん明るいのはどこですか。（　　）

⑵ 5分後に**A**～**C**の部分《ぶぶん》の温度はどうなりますか。次からえらび，記号《きごう》で答えましょう。（　　）

**ア** **A**がいちばん高い。　**イ** **B**がいちばん高い。

**ウ** **C**がいちばん高い。　**エ** どこも同じ温度である。

⑶ このとき，太陽はどの方向《ほうこう》に見えますか。図の**D**～**G**からえらび，記号で答えましょう。（　　）

**7** ［電気を通すもの・じしゃくのせいしつ］ **次の問いに答えましょう。**

⑴ 次の①～⑥のうち，電気を通してじしゃくにつくものに○，電気を通してじしゃくにつかないものに△，電気を通さずじしゃくにつかないものに×をつけましょう。（18点）1つ3

①わゴム（　　）　②ノート（　　）　③クリップ（　　）

④１円玉（　　）　⑤鉄《てつ》くぎ（　　）　⑥下じき（　　）

⑵ 右の図で明かりをつけるには，どう線の先**A**を，**B**～**D**のどこにつなげばよいですか。（4点）（　　）

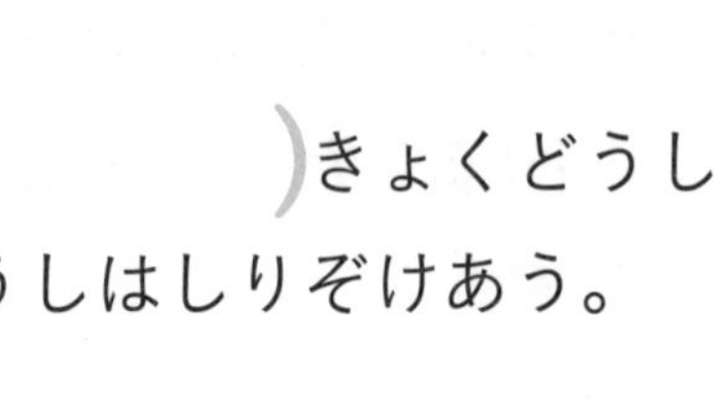


⑶ 次の文の（　）にあてはまることばを書きましょう。（6点）1つ3

２つのじしゃくを近づけると，（①　　　）きょくどうしは引きあい，（②　　　）きょくどうしはしりぞけあう。

ア（　　　）　イ（　　　）る
ウ（　　　）い　エ（　　　）

(2)【言葉《ことば》のきまり】＝線「だんだん」がくわしく説明《せつめい》している言葉を、――線**ア**〜**オ**からえらび、記号《きごう》で答えましょう。（6点）

（　　　）

(3)【こそあど言葉】――線①が指《さ》しているものを、本文中から八字でぬき出しましょう。（8点）

□□□□□□□□

(4)【内ようの理かい】――線②とありますが、どのようなとくちょうをもったたねですか。それが書かれた部分《ぶぶん》を、本文中から三十二字でさがし、はじめと終《お》わりの五字を答えましょう。（8点）かん答

□□□□□〜□□□□□

たいせつ

(5)【内ようの理かい】――線③とありますが、はじめはどれくらいの大きさですか。つぎの（　）に入る言葉を、本文中からぬき出しましょう。（6点）

（　　　　　）の大きさしかない。

(6)【言葉をえらぶ】[A]・[B]に入る言葉をつぎからえらび、記号で答えましょう。（8点）一つ4

**ア** だから　**イ** でも
**ウ** つまり　**エ** また

A（　　）　B（　　）

(7)【理由《りゆう》の説明】――線④とありますが、それはなぜですか。つぎの（　）に入る言葉を、本文中からぬき出しましょう。（8点）一つ4

たねから育《そだ》った球根は（　　　　）たたないと（　　　　）がさかないから。

## 5 つぎの文章《ぶんしょう》を読んで、あとの問《と》いに答えましょう。

チューリップにはたねがないのでしょうか。

花の中をのぞいてみましょう。まん中にめしべ、そのまわりに六本のおしべがあるのが分かります。おしべにさわるとこながつきます。それは、おしべがつくった花ふんです。

①この花ふんがほかのチューリップの花のめしべの頭につくと、そのめしべは㋐実になります。アはじめは、イえんぴつぐらいの ウ太さですが、だんだん エ大きく オふくらんでいきます。

夏が㋑クるころには、その実は、白くなってかれ始《はじ》めます。すっかりかれると、かわいた実がわれて、中から②たくさんのたねがこぼれ出ます。それは、長さ七ミリメートル、はばが五ミリメートルほどの、うすくて小さなたねです。チューリップにもたねがあるのです。

秋にそのたねをまくと、春に芽《め》を出しますが、ねぎのような㋒ホソい葉《は》を十センチメートルほどのばすだけです。やがて、土の中に小さな㋓球根をのこしてかれてしまいます。その球根は、マッチの頭くらいの大きさしかありません。

③たねから育《そだ》った球根は、次《つぎ》の年も、その次の年も、花をさかせません。たった一まいの葉が出てくるだけです。[A]、球根はひとまわりずつ大きくなっていきます。こうして、球根は少しずつ太って、たねから五年めになって、はじめて花をさかせることができるようになるのです。[B]、④チューリップは、主《おも》に、球根から育てるのです。

（小田英智《おだひでとも》「チューリップ」）

(1) 【漢字《かんじ》の読み書き】～～線㋐～㋓の、かたかなは漢字に直し、漢字は読み方を書きましょう。（16点）一つ4

# 15 仕上《しあ》げテスト

〈時間〉20分　〈合かく〉80点

〈とく点〉
/100

月　日

## 1 〔漢字《かんじ》の読み方〕つぎの——線の漢字の読み方を書きましょう。（12点）一つ4

(1) 農村（　　　）でくらす。

(2) 駅前《えきまえ》に集合（　　　）する。

(3) 向《む》こう岸（　　　）へわたる。

## 2 〔漢字の書き方〕つぎの□に漢字を書きましょう。（12点）一つ6

(1) □□《やっきょく》ではたらく。

(2) トラックの□□《にだい》にのせる。

## 3 〔こそあど言葉《ことば》〕つぎの——線が指《さ》している言葉を書きましょう。（4点）一つ2

答え→べっさつ24ページ

(1) げんかんにスリッパがあります。あなたはそれをはいてください。（　　　）

(2) あともう少しで公園に着《つ》きます。そこで休けいをしましょう。（　　　）

## 4 〔文の組み立て〕つぎの文の主語《しゅご》は（　）に、述語《じゅつご》は〔　〕に記号《きごう》で答えましょう。（12点）一つ4かん答

(1) アわたしも　イ姉と　ウいっしょに　エ買い物《もの》に　オ出かけた。（　　）〔　　〕

(2) アその　イ植物《しょくぶつ》は　ウ家の　エ庭《にわ》に　オはえる。（　　）〔　　〕

(3) アもう　イ終《お》わりましたか、ウとなりの　エ教室の　オそうじは。（　　）〔　　〕

たいせつ

(4)【手紙】つぎのメモは、手紙を書く前に作ったものです。ぬけている部分《ぶぶん》を、かんたんに書き入れましょう。(50点)一つ10

| はじめのあいさつ | 本文(伝《つた》えたいこと) | | 終《お》わりのあいさつ | あとづけ |
|---|---|---|---|---|
| 元気かどうか。 | ① | ② | 今度《こんど》の夏休みに、また遊《あそ》びに行く。 | ③ ㋐(　) ㋑(　) ㋒(　) |

## 2 つぎのヘチマのかんさつ記ろくを読んで、あとの問《と》いに答えましょう。

五月十日(金)　晴れ

ヘチマの種《たね》を植《う》えて十日目にしてようやく、芽《め》が出た。土を持《も》ち上げて出た二まいの葉《は》っぱが手を合わせたようにくっついている。葉っぱは黒い皮《かわ》をかぶっている。

(1)【内ようの理かい】ヘチマの種はいつ植えましたか。(10点)

(　月　日)

(2)【内ようの理かい】ヘチマの芽は、どのように出ましたか。本文中からぬき出しましょう。(5点)

(　)

(3)【作文】ヘチマの芽の様子《ようす》を、くわしく答えましょう。(10点)

(　)

英語
算数
社会
理科
国語

# 14 作文

## 1 つぎの手紙を読んで、あとの問《と》いに答えましょう。

おじいちゃん、お元気ですか。

今日、体育《たいいく》の時間に竹馬に①乗《の》りました。ぼくは、去年《きょねん》、おじいちゃんに教わったので、すいすい乗れたけど、みんなはちっとも②乗れなかった。

だから、ぼくが先生といっしょに、みんなに竹馬に乗るコツを③教えました。おじいちゃんの④おかげです。

今度《こんど》の夏休みには、また遊《あそ》びに行きます。早くおじいちゃんに会いたいです。さようなら。

六月三日

田中　あつし

おじいちゃん

---

ふく習《しゅう》のポイント！

- 中心になる場面《ばめん》を考えて書きます。
- まとまりやじゅんじょを考えて書きます。
- 自分の気持《きも》ちがつたわるように書きます。

〈時間〉20分　〈合かく〉80点　〈とく点〉　/100

月　日

答え↓べっさつ23ページ

(1) 〔内ようの理かい〕この手紙は、だれがだれに書いたものですか。(　)に入る言葉《ことば》を、本文中からぬき出しましょう。(10点)一つ5

(　　)が(　　)に

(2) 〔手紙のしゅるい〕この手紙は、つぎのどれにあたりますか。記号《きごう》で答えましょう。(5点)

(　　)

ア おみまいの手紙

イ おさそいの手紙

ウ 学校の様子《ようす》を知らせる手紙

(3) 〔表《ひょう》げん〕——線①〜④の中から、書き表《あらわ》し方の正しくないものをえらび、〔　〕に記号を答え、(　)に正しく書き直しましょう。(10点)かん答

〔　　〕(　　)

(3) 【人物《じんぶつ》の気持《きも》ち】——線③とありますが、このときの「わたし」の気持ちをつぎからえらび、記号《きごう》で答えましょう。（10点） （　　）

ア みんながよびにきてくれたので、うれしくなった。

イ みんながよびにきたのではらがたった。

ウ みんなに見つかったのでくやしかった。

(4) 【内ようの理かい】——線④について、つぎの問《と》いに答えましょう。

① 「きまりが悪《わる》い」の意味《いみ》をつぎからえらび、記号で答えましょう。（10点） （　　）

ア ものごとの調子《ちょうし》が悪い。

イ ものごとの区切《くぎ》りが悪い。

ウ はずかしくて、かっこうが悪い。

② 「わたし」はどうして「きまりが悪」かったのですか。つぎの（　）に入る言葉《ことば》を答えましょう。（20点）一つ10

ほんとうはもっと（　　）つもりだったのに、みんなによばれたらすぐに（　　）から。

(5) 【言葉をえらぶ】□に入る言葉をつぎの中からえらび、記号で答えましょう。（10点） （　　）

ア わたし　イ かあさん　ウ とうさん

(6) 【詩《し》の理かい】つぎの文の（　）に入る言葉をあとからえらび、それぞれ記号で答えましょう。（30点）一つ10

おもに（　）音《おん》と（　）音のくり返《かえ》しで書かれているこの詩は、母親にしかられた作者《さくしゃ》が、「みんな」によばれて家に帰るときの気持ちを中心に、（　）の言葉でわかりやすくえがかれています。

ア 大人　イ 七　ウ 三

エ 外国　オ 子ども　カ 五

# 13 詩《し》を読む

**ふく習《しゅう》のポイント！**

- 言葉《ことば》のリズムや表《ひょう》げんをとらえます。
- 詩にえがかれている場面《ばめん》を想《そう》ぞうします。
- 作者《さくしゃ》の言いたいことや気持《きも》ちを読み取《と》ります。

答え↓べっさつ23ページ

〈時間〉20分　〈合かく〉80点　〈とく点〉　/100　月　日

**1** **つぎの詩《し》を読んで、あとの問《と》いに答えましょう。**

お家《うち》のみえる角へきて
おもいだしたの、①あのことを。
わたしはもっと、ながいこと
すねてなけりゃいけないの。
②だって、かあさんはいったのよ。
「ばんまでそうしておいで」って。
だのに、みんながよびにきて、
③わすれてとんで出ちゃったの。
④なんだかきまりが悪《わる》いけど、
でもいいわ、
ほんとはきげんのいいほうが、
きっと、□はすきだから。

（金子みすゞ「あるとき」）

(1) 【こそあど言葉《ことば》】――線①とありますが、どんなことですか。つぎの（　）に入る言葉を答えましょう。（10点）

（　　　　　　　　）こと。

(2) 【文の組み立て】――線②をふつうのじゅん番に直して、一文で書きましょう。（10点）

（　　　　　　　　）

たいせつ

(1)【話題《わだい》の理かい】この文章《ぶんしょう》は何について説明《せつめい》した文章ですか。本文中から六字でぬき出しましょう。（20点）

□□□□□□について。

(2)【筆者《ひっしゃ》の気持《きも》ち】――線①とありますが、このときの筆者の気持ちをつぎからえらび、記号《きごう》で答えましょう。（10点）

（　　）

ア　いかり　　イ　おどろき

ウ　苦《くる》しみ　　エ　よろこび

(3)【内ようの理かい】――線②とは、どんなことですか。つぎの（　）に入る言葉《ことば》を、本文中からぬき出しましょう。（20点）一つ10

音楽を（　　）で、しかも（　　）ながらでもきけるということ。

(4)【内ようの理かい】――線③とありますが、何が大じけんなのですか。本文中から十二字でぬき出しましょう。（20点）

ウォークマンが□□□□□□□□□□□□こと。

たいせつ

(5)【筆者の考え】――線④とありますが、なぜですか。つぎの（　）に入る言葉を、本文中からぬき出しましょう。（30点）一つ10

（　　）で音楽ばかりきいていると、（　　）が（　　）になる気がしていたから。

文章中にくり返《かえ》し使《つか》われている言葉から、何についての文章かを読《よ》み取《と》ろう。

# 12 記ろく文を読む

ふく習《しゅう》のポイント！

- 何のために、どのようなことが書かれているのかをとらえます。
- 文章《ぶんしょう》の大切な部分《ぶぶん》をとらえます。

答え↓べっさつ23ページ

〈時間〉20分　〈合かく〉80点　〈とく点〉　/100

月　日

**1 つぎの文章《ぶんしょう》を読んで、あとの問《と》いに答えましょう。**

きみは、「ウォークマン」って知ってるかな？　音楽を歩きながらきけるものなんだけど、今ではカセットテープではなくて、パソコンから音楽をとり入れるものにかわってきている。ぼくは、①ウォークマンが初《はじ》めて出たときのしょうげきを、今でもおぼえている。

電車にのっていたら、耳にイアフォンみたいなものをつけているひとがいた。ラジオをきいている感《かん》じともちょっとちがう。音楽をきいているみたいだ。それを何人も見かけるようになった。それが「ウォークマン」の出はじめだった。

ぼくもすぐに買ってしまった。カセットテープを入れて、再生《さいせい》ボタンをおすと、イアフォンで音楽をきくことができる。この②ウォークマンの*画期的《かっきてき》な点は、今まで部屋《へや》のなかでしかきけないと思っていた音楽が、外で、しかも歩きながらきけるということだ。

これは、わかものたちに大流行《だいりゅうこう》した。生活の仕方《しかた》（ライフスタイル）をかえてしまうほどの③大じけんだった。④ぼくは、今では、いつも音楽ばっかりきいているひとをあんまりいいとは思わない。自分も、ウォークマンでは、英語《えいご》のカセットテープをきいて勉強《べんきょう》したりするほうがおおかった。イアフォンで音楽ばかりきいていると、頭が勉強しにくい頭になる気がしていたんだ。

（齋藤《さいとう》　孝《たかし》「親子で読む偉人《いじん》の話」）

＊画期的＝今までになく、まったく新しくてすぐれていること。

バイカルアザラシほどではないけれど、大きな目玉のもち主《ぬし》として知られているのが、メガネザルのなかまだ。やはり、④目が顔の大きな部《ぶ》分《ぶん》をしめている。

（山本省三《やまもとしょうぞう》「すごい目玉をもったアザラシがいる！」）

(1) 【内ようの理かい】――線①はどのようなアザラシですか。つぎの（　）に入る言葉《ことば》を、本文中からぬき出しましょう。（40点）一つ20

ほかのアザラシとちがい、バイカル湖《こ》などの（　）でくらし、大きくじょうぶなつめと、大きすぎる（　）というとくちょうをもっているアザラシ。

(2) 【内ようの理かい】――線②とくらべて、バイカルアザラシの体にないものは何ですか。本文中から五字でぬき出しましょう。（20点）

(3) 【つなぎ言葉】A～Cに入る言葉の組み合わせをつぎからえらび、記号《きごう》で答えましょう。（10点）（　）

**ア** Aそして　Bまた　Cつまり

**イ** Aただ　Bそして　Cところで

**ウ** Aだが　Bつまり　Cそして

(4) 【理由《りゆう》の説明《せつめい》】――線③とありますが、その理由として考えられているものをつぎからえらび、記号で答えましょう。（10点）（　）

**ア** 大昔《おおむかし》、海と川と湖《みずうみ》はいっしょだったから。

**イ** 大昔、湖にしか、えさがなかったから。

**ウ** 大昔、湖にとじこめられたから。

(5) 【内ようの理かい】――線④とありますが、バイカルアザラシのほかにどのような動物があてはまりますか。（20点）

（　）

# 11 説《せつ》明《めい》文を読む

**ふく習《しゅう》のポイント！**

- 段落《だんらく》の大事《だいじ》なところをとらえます。
- つなぎ言葉《ことば》に注意《ちゅうい》してまとまりをとらえます。
- 説明されている部分《ぶぶん》の中心を読み取《と》ります。

| 〈時間〉 | 〈合かく〉 |
|---|---|
| 25分 | 80点 |

〈とく点〉 /100

月　日

答え↓べっさつ22ページ

**1 つぎの文章《ぶんしょう》を読んで、あとの問《と》いに答えましょう。**

ふつう、アザラシは海にすんでいるが、①バイカルアザラシは、バイカル湖《こ》やまわりの川などのたん水でくらす、数少ないしゅるいだ。

これは、大昔《おおむかし》、北極海《ほっきょくかい》にいたアザラシが、川をさかのぼっているうちに、湖《みずうみ》にとじこめられたものと考えられている。

雪と氷《こおり》ですあなをつくるところなどは、②ワモンアザラシとよくにていて、同じそせんから分かれたと考えられるけれど、バイカルアザラシの体には輪《わ》のもようはない。

バイカルアザラシは、最大時《さいだいじ》速《そく》二十五キロメートルで泳《およ》ぐといわれ、しかも二百メートルくらいの深《ふか》さまでもぐり、二十五分ほど水中にいることができる。これはアザラシとしては、ふつうだ。

［A］、つめは、ほかのアザラシより、体にくらべ大きくじょうぶにできている。氷の上でくらすためには、とてもべんりだ。

［B］、北極近くにすむ多くのアザラシは、流氷《りゅうひょう》に乗《の》って遠くまで旅《たび》をするが、③バイカルアザラシは、バイカル湖のあたりだけでくらしている。

このようにアザラシのなかまとしては、たん水にすみ、旅をしないなど、めずらしいとくちょうをもっているけれど、なんといってもかわっているのは、やはり大きすぎる目玉だ。

［C］、ほかに大きな目玉をもつ動物《どうぶつ》は、いないのだろうか。

そしてきっと、新しい*リリーちゃんのお洋《よう》服《ふく》をつくってあげるといってわたしのきげんをとるのだ。リリーちゃんのパンツやお洋服をかえているほうが B ずっと楽《らく》だった。

（群《むれ》ようこ「セミの抜《ぬ》け殻《がら》」）

＊むしろ＝わらなどで作ったしきもの。
＊リリーちゃん＝わたしの持《も》っている人形。

(1) 【場面《ばめん》の様子《ようす》】——線①は森で何をしているのですか。本文中から五字以内《いない》でぬき出しましょう。（20点）

| | | | | |
|---|---|---|---|---|
| | | | | |

(2) 【言葉《ことば》をえらぶ】 A に入る言葉をつぎからえらび、記号《きごう》で答えましょう。（15点）

ア すい取る　イ しぼり出す　ウ にじませる

（　　）

(3) 【理由《りゆう》の説明《せつめい》】——線②とありますが、それはなぜですか。その理由をつぎからえらび、記号で答えましょう。（15点）

（　　）

たいせつ

ア 男の子たちが自分に砂《すな》をぶつけたから。
イ イサム君《くん》がほかの子と遊《あそ》んでいたから。
ウ 自分一人が森に取《と》りのこされたから。

(4) 【人物《じんぶつ》の気持《きも》ち】——線③とありますが、このときの「わたし」の気持ちをつぎからえらび、記号で答えましょう。（15点）

（　　）

ア ふきげん　イ 楽しい　ウ 悲《かな》しい

(5) 【言葉をえらぶ】 B に入らない言葉をつぎからえらび、記号で答えましょう。（15点）

ア 戦争《せんそう》ごっこをすることよりも
イ むしろに取りのこされることよりも
ウ 母親にしかられることよりも

（　　）

(6) 【理由の説明】「わたし」が男の子たちと遊ぶのをやめないのはなぜですか。（20点）

「わたし」は（　　）がすきだから。

# 10 物語《ものがたり》を読む ②



**ふく習《しゅう》のポイント！**

- 物語全体《ぜんたい》を読んであらすじをとらえます。
- 人物《じんぶつ》の動作《どうさ》や会話から気持《きも》ちを読み取《と》ります。
- 作者《さくしゃ》のくふうがなされた表《ひょう》げんを味《あじ》わいます。

答え↓べっさつ21ページ

〈時間〉25分　〈合かく〉80点　〈とく点〉　/100

月　日

**1** つぎの文章《ぶんしょう》を読んで、あとの問《と》いに答えましょう。

「にげるなあ」

「うるせえ、このやろう」

①かれらのさわぐ声がだんだん遠ざかっていった。あの無口《むくち》なイサム君《くん》もさわいでいるんだろうか。わたしも仲間《なかま》に入りたい。ほかの子じゃいやだけどイサム君に砂《すな》をぶつけられたら、きっとうれしいにちがいない。イサム君と戦争《せんそう》ごっこをしたい。むし暑《あつ》くてくさい*むしろから頭を出すと、青い空には手でこねたみたいな入道雲が広がっていた。体から油《あぶら》を[A]ようなセミの声は耳のあなにどんどんたまっていき、わたしの体からじわじわとあせがしみ出してきた。むしろを取《と》っておそるおそる小山の上にのぼってあたりを見わたすと、そこにはわたし一人しかいなかった。何もかもがかわいていて、森の緑《みどり》の濃《こ》さがこわいくらいだった。森のなかにも人のすがたはなかった。

②わたしはスカートのポケットの砂をにぎって、目の前の小山の斜面《しゃめん》に向《む》かってたたきつけた。さっきまでいた山のかげにぺったりとおしりをつけてすわり、③口をへの字に曲《ま》げていた。家に帰って母親にいわれることばをいま全部《ぜんぶ》いえる。

「どうしたのこんなによごして」

「まあ、ブラウスのポケットにまで砂をいれて。それにパンツも」

「男の子と遊《あそ》ぶなんてやめなさい」

ところが、そのはく手がきっかけとなって、あちらからも、こちらからもはく手がおこり、場内《じょうない》は、あらしのようなはく手につつまれました。それを聞いた時、もうじゅう使《つか》いは、③はっとむねをつかれました。

（山本有三《やまもとゆうぞう》「ライオンと子犬」）

(1)【場面《ばめん》の様子《ようす》】——線①について、つぎの問いに答えましょう。

① どんな肉でしたか。（10点）

（　　　　）

② ライオンは、この肉をどうしましたか。（　）に入る言葉《ことば》を、本文中からぬき出しましょう。（20点）一つ10

まず、（　　　　）、ほねのついてないほうの肉を小さくかみ切って、（　　　　）へ、ほうりました。

(2)【言葉をえらぶ】A・Bに入る言葉をつぎからそれぞれえらび、記号《きごう》で答えましょう。（20点）一つ10

A（　　）　B（　　）

ア ガリッ　イ サクッ　ウ ポーン　エ コーン

(3)【言葉をえらぶ】Cに入る言葉をつぎからえらび、記号で答えましょう。（10点）

ア 兄弟　イ 親子　ウ 友だち

（　　）

(4)【理由《りゆう》の説明《せつめい》】——線②とありますが、その理由をつぎからえらび、記号で答えましょう。（20点）

ア ライオンが子犬をおそわなかったから。

イ ライオンが子犬を食べてしまったから。

ウ ライオンが子犬を相手《あいて》にしないから。

（　　）

たいせつ

(5)【人物《じんぶつ》の気持《きも》ち】——線③とありますが、もうじゅう使いは何に感動《かんどう》したのですか。（　）に入る言葉を答えましょう。（20点）

見物人がライオンのこわいところではなく、（　　　　）にはく手したこと。

# 9 物語《ものがたり》を読む ①

**ふく習《しゅう》のポイント！**
- 場面《ばめん》の様子《ようす》をとらえます。
- 登場人物《とうじょうじんぶつ》や出来事《できごと》をとらえます。
- 人物の気持《きも》ちの変化《へんか》を読み取《と》ります。

〈時間〉25分　〈合かく〉80点　〈とく点〉　/100　月　日

答え↓べっさつ21ページ

**1** **つぎの文章《ぶんしょう》を読んで、あとの問《と》いに答えましょう。**

ライオンは、すぐに①馬肉に飛《と》びつきました。それはほねつきの、かなり大きな肉でした。が、ライオンは、それをまず、二つに引きちぎりました。そしてほねのついていないほうの肉をさらに小さくかみ切って、子犬の前へ［A］とほうりました。

子犬はびっくりして、ライオンのほうを見ました。

しかし、ライオンは、子犬にはかまわず、ほねつきの肉に、かぶりつきました。

ライオンが食べだしたのを見ると、子犬もしっぽをふりながら、自分にあたえられた肉を食べ始《はじ》めました。食べながら、子犬はちょこんと頭をあげては、ライオンのほうを、のぞきこみます。のぞいて見ては、また、急《いそ》いでがつがつと肉を食べます。ライオンのほうも、［B］とほねをかみくだきながら、ときどきよこ目で子犬を見ています。それは、まるで、［C］のようでした。

これは、いったい、なんとしたことでしょう。もうじゅう使《つか》いは②あっけにとられました。

これでは、せっかくのもうじゅうがもうじゅうになりません。かれは、なんとかして、ライオンの、ものすごいところを見物人《けんぶつにん》に見せたいとあせりました。とつぜん、見物席《せき》のかたすみから、はく手がおこりました。もうじゅう使いは、面《めん》くらいました。何のはく手だか、わからなかったのです。

たいせつ

## 3

【ローマ字のつづり方】つぎの言葉《ことば》を、ローマ字で書きましょう。（24点）一つ3

(1) おじいさん

(2) 図書館《としょかん》

(3) 手紙

(4) 人形

(5) 石けん

(6) きょうりゅう

(7) 出発《しゅっぱつ》

(8) パン屋《や》

## 4

【ローマ字のつづり方】つぎのローマ字の――線の部分《ぶぶん》を、別《べつ》のつづり方で書きましょう。（12点）一つ4

(1) <u>si</u>ma

(2) o<u>tya</u>

(3) <u>Huzi</u>san

## 5

【ローマ字の読み方】つぎの大文字だけで書かれたローマ字の読みを漢字《かんじ》で書きましょう。（10点）一つ2

(1) KÔBE
（　　　）

(2) SINZYUKU
（　　　）

(3) NIKKÔ
（　　　）

(4) KYÛSYÛ
（　　　）

(5) TYÛGOKU
（　　　）

## 6

【ローマ字のつづり方】つぎの人名や地名をローマ字で書きましょう。（12点）一つ3

(1) 松本《まつもと》　孝志《たかし》

(2) 神田《かんだ》　良子《よしこ》

(3) 札幌市《さっぽろし》

(4) スペイン

# 8 ローマ字

**ふく習《しゅう》のポイント！**

- のばす音やつまる音に気をつけます。
- ローマ字でものの名前、地名・人名などが正しく読み書きできます。

答え↓べっさつ21ページ

〈時間〉20分　〈合かく〉80点　〈とく点〉　/100

月　日

**1** 〔ローマ字の読み方〕**つぎのローマ字の読みをひらがなで書きましょう。**（32点）一つ4

(1) otôsan
(　　　　)

(2) imôto
(　　　　)

(3) kin' yôbi
(　　　　)

(4) yakyû
(　　　　)

(5) kitte
(　　　　)

(6) happyôkai
(　　　　)

(7) Tôkyô-to
(　　　　)

(8) Amagappa
(　　　　)

**2** 〔ローマ字の書き表《あらわ》し方〕**つぎの言葉《ことば》をローマ字で正しく書いた方をえらび、記号《きごう》で答えましょう。**（10点）一つ2

(1) 太《たい》　陽《よう》　ア taiyô　イ teiyou　(　　)

(2) 校　長　ア koutyô　イ kôtyô　(　　)

(3) 医《い》　者《しゃ》　ア isya　イ isiya　(　　)

(4) 小学校　ア syouggakkô　イ syôgakkô　(　　)

(5) 北海道《ほっかいどう》　ア Hokkaidô　イ Hokkaidou　(　　)

## 3 ［修飾語《しゅうしょくご》］ つぎの〰〰線の言葉《ことば》がくわしく説明《せつめい》している言葉(部分《ぶぶん》)を見つけ、記号《きごう》で答えましょう。

(35点)一つ5

(1) ア学校の 花だんに、 イきれいな ウ花が エさいています。　(　　)

(2) ア海には、 色とりどりの イ魚が ウたくさん エいる。　(　　)

(3) アあの 山を イこえれば、 ウ湖《みずうみ》が エ見えます。　(　　)

(4) ア春には 冬みんしていた イ動物《どうぶつ》たちも ウ目を エさまします。　(　　)

(5) アぼくは、 お正月から イずっと ウ日記を エ書いている。　(　　)

(6) アあしたの 朝から、 イマラソンの ウ練習《れんしゅう》が エある。　(　　)

(7) アこの イガラスの ウつぼは、 エ昔《むかし》 外国から オつたわったものだ。　(　　)

たいせつ

## 4 ［言葉の組み立て］ れいにならって、つぎの文の□に入る言葉を答えましょう。

(20点)一つ5

(れい) 黒いねこがいきなりとび出した。

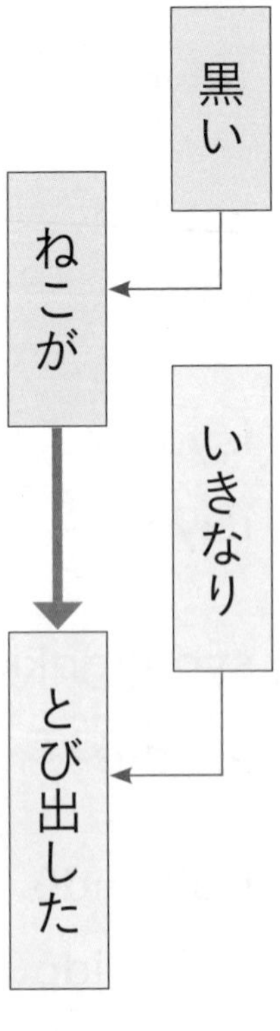


(1) 子どものイルカが水族館《すいぞくかん》に運《はこ》ばれた。

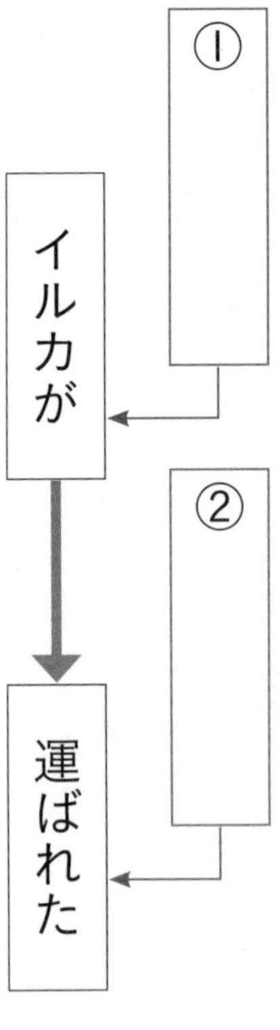


(2) 夕日が空を赤くそめる。

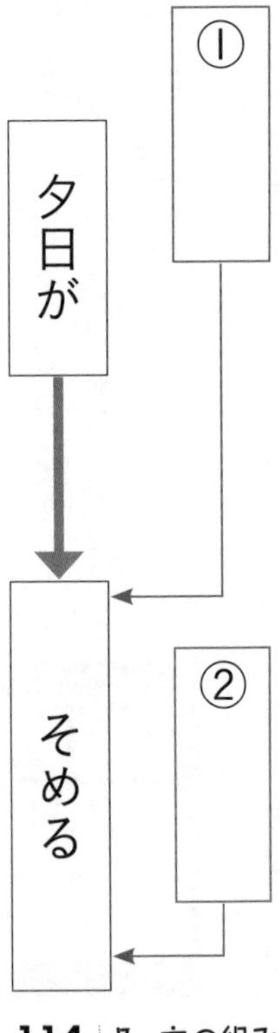

# 7 文の組み立て

**ふく習《しゅう》のポイント!**

- 正しく主語《しゅご》と述語《じゅつご》を見つけます。
- 文の三つのしゅるいを見わけます。
- 修飾語《しゅうしょくご》に気をつけます。

〈時間〉20分　〈合かく〉80点　〈とく点〉　/100　月　日

答え↓べっさつ20ページ

**1**　**【主語《しゅご》・述語《じゅつご》】つぎの文の主語と述語を見つけて、主語は（　）に、述語は〔　〕に記号《きごう》で答えましょう。**（20点）一つ2

(1) ア大きな　イ犬が　ウワンワンと　エほえている。（　　）〔　　〕

(2) アわたしは　イ毎ばん、ウ牛にゅうを　エ飲《の》みます。（　　）〔　　〕

(3) ア花子《はなこ》さんの　イ弟が、ウウサギを　エだいています。（　　）〔　　〕

(4) ア元気に　イ走っているよ、ウかわいい　エ子馬が。（　　）〔　　〕

(5) ア妹の　イ持《も》っていた　ウ風船が、エとばされた。（　　）〔　　〕

**2**　**【文のしゅるい】つぎの文は、あとのどの形の文にあたりますか。記号で答えましょう。**（25点）一つ5

(1) 太郎君《たろうくん》のお父さんは、校長先生だ。（　　）

(2) あの子犬は、とてもかわいらしい。（　　）

(3) わたしは、家族《かぞく》みんなで富士山《ふじさん》に登《のぼ》った。（　　）

(4) きのう生まれた子牛が立っている。（　　）

(5) 今夜の月は、美《うつく》しい。（　　）

**ア** 何が(は)――どうする。
**イ** 何が(は)――どんなだ。
**ウ** 何が(は)――何だ。

**3** 【国語辞典《じてん》の使《つか》い方】つぎの言葉を国語辞典で調《しら》べたら、あとの意味《いみ》が書いてありました。つぎの――線の言葉はそれぞれどのような意味で使われていますか。あとからえらび、記号《きごう》で答えましょう。（45点）一つ3

(1) とる

① すきな方をとる。
② 昼食をとる。
③ おすしをとる。
④ せきにんをとる。
⑤ メモをとる。
⑥ よいせきをとる。

**ア** えらぶ。　**イ** 書く。
**ウ** 注文《ちゅうもん》をして持《も》ってこさせる。
**エ** 場所《ばしょ》をしめる。
**オ** ひき受ける。
**カ** 食べる。

(2) 足

① ぼくは足がはやい。
② 足の大きさをはかる。
③ 鳥の足は細い。
④ 駅《えき》まで行くための足がない。

**ア** 動物《どうぶつ》の体をささえ、運動《うんどう》に使う部分《ぶぶん》。
**イ** 足首から下の部分。
**ウ** 歩くこと。走ること。
**エ** 交通のしゅだん。乗《の》り物《もの》。

(3) みる

① 左右をみる。
② けしきをみる。
③ 弟の勉強《べんきょう》をみる。
④ いたい目をみる。
⑤ 味《あじ》をみる。

**ア** 目でたしかめる。　**イ** 調べる。
**ウ** けいけんする。　**エ** 世話《せわ》をする。
**オ** ながめる。

# 6 国語辞典《じてん》の使《つか》い方

## 1 〔国語辞典《じてん》の使《つか》い方〕 つぎの――線の言葉《ことば》を、国語辞典にのっている形に直して書きましょう。

（25点）一つ5

⑴ 母さんにはぐれてはいけないと思い、必《ひっ》死《し》だった。（　　　）

⑵ 木のかおりがただよった。（　　　）

⑶ 木は、熱《ねつ》をつたえにくいということです。（　　　）

⑷ 山の上から大声でさけんだ。（　　　）

⑸ 部《へ》屋《や》をちらかしたまま出かけた。（　　　）

## 2 〔国語辞典の使い方〕 つぎの言葉は、国語辞典で調《しら》べると、どのようなじゅんに出ていますか。（　）に番号《ばんごう》を書きましょう。

（30点）一つ10かん答

⑴
（　）くちぶえ
（　）くだもの
（　）くつした

⑵
（　）バット
（　）はったつ
（　）はっくつ

⑶
（　）バター
（　）はだ
（　）パターン

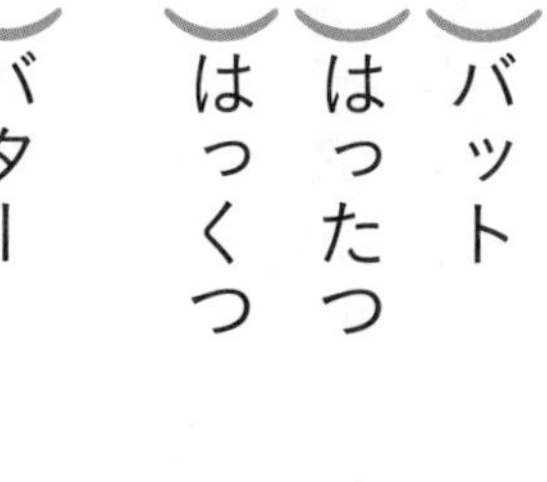


ふく習《しゅう》のポイント！
- 言葉《ことば》のならび方に注意《ちゅうい》して国語辞典の使《つか》い方を身《み》につけます。
- 多くの意味《いみ》をもつ言葉の使い分けを学びます。

答え↓べっさつ20ページ

〈時間〉20分　〈合かく〉80点　〈とく点〉　／100

月　日

たいせつ

**3** **[言葉《ことば》をえらぶ]** **つぎの文章《ぶんしょう》を読んで、――線の言葉が指《さ》しているものをあとからえらび、記号《きごう》で答えましょう。** (24点)一つ8

ことわざにはユーモラスな味《あじ》がある。わたしは今も子どもたちにちょいちょい使《つか》うのだが、「人を見たらどろぼうと思え」となると、口にするのはちょっと考えてしまう。大金を持《も》ったときの用心の心がけとしてはひつようでも、ふだんに使うのはどうかと思う。

一人旅《たび》のとき、ボストンバッグを駅《えき》のベンチにおいて売店に行こうとするときなど、わたしの心にふと(1)このことばがうかんでくる。でも、いいえ、そんなことはないわ、と打《う》ち消《け》して買い物《もの》、(2)その間、荷物《にもつ》はぶじにちゃんとしている。

ベンチにすわっている人に「ちょっとおねがいします」と一声かければなお安心《あんしん》で、(3)その人をどろぼうなどとは思いたくない。

(高田敏子《たかだとしこ》「人を見たらどろぼうと思え」)

(1) 「この」
**ア** ユーモラスな味がある
**イ** 大金を持ったときの用心の心がけの
**ウ** 「人を見たらどろぼうと思え」という
(　　)

(2) 「その」
**ア** 駅の売店で買い物をしている
**イ** 一人旅をしている
**ウ** 心にうかんだことばを打ち消している
(　　)

(3) 「その」
**ア** 駅の売店にいる
**イ** ベンチにすわっている
**ウ** ベンチの近くに立っている
(　　)

# 5 こそあど言葉《ことば》

ふく習《しゅう》のポイント！
- こそあど言葉の用法《ようほう》を理かいします。
- こそあど言葉のしゅるいをおぼえます。
- こそあど言葉が指《さ》しているものを見つけます。

答え べっさつ19ページ

〈時間〉20分　〈合かく〉80点　〈とく点〉　／100　月　日

## 1 【こそあど言葉《ことば》の用法《ようほう》】つぎの文の（　）に入る言葉をえらび、記号《きごう》で答えましょう。（36点）一つ4

(1)
① 昔《むかし》、（　）は海の底《そこ》でした。
② （　）絵は、百年前のものです。
③ わたしがすきな本は、（　）です。
**ア** これ　**イ** この　**ウ** ここ

(2)
① （　）ノートを取《と》ってください。
② （　）へはバスで行きました。
③ （　）は、わたしの本です。
**ア** それ　**イ** その　**ウ** そこ

(3)
① （　）をえらぶか、まようなあ。
② 新しい先生は（　）人ですか。
③ （　）でカバンを買いましたか。
**ア** どれ　**イ** どの　**ウ** どこ

## 2 【こそあど言葉のしゅるい】つぎの文に入る言葉をえらび、記号で答えましょう。（40点）一つ8

(1) ｛**ア** そこ／**イ** どこ｝を曲《ま》がれば市役所《しやくしょ》です。
(2) わたしは｛**ア** どんな／**イ** そんな｝話は知りません。
(3) 山田君《やまだくん》、｛**ア** そちら／**イ** こちら｝の天気はどう？
(4) ｛**ア** どれ／**イ** これ｝は君《きみ》の筆箱《ふでばこ》ですか。
(5) 君にかした｛**ア** あの／**イ** この｝本を返《かえ》してよ。

(1)（　）(2)（　）(3)（　）
(4)（　）(5)（　）

**3** 〔言葉《ことば》の意味《いみ》〕**つぎの文の——線の言葉の意味にあたるものをえらび、記号《きごう》で答えましょう。**（15点）一つ5

(1) おびえる妹をなだめるように、お母さんは何度《なんど》も「こわくないよ。」と言った。
**ア** こうふんしている人を落《お》ち着《つ》かせる。
**イ** 知らない人でも平気《へいき》にさせる。
**ウ** よくなれて、親しい感《かん》じにさせる。

(2) おじいさんは、毎日、朝からばんまで、畑《はたけ》仕事《しごと》にせいを出す。
**ア** 気力も根気《こんき》もなくなる。
**イ** ねっしんにはたらく。
**ウ** 体力がつく。

(3) 自動車《じどうしゃ》にぶつかりかけてきもをひやした。
**ア** おどろかないで落ち着いている。
**イ** ふいにあぶないと思ってひやっとする。
**ウ** 心にきざみつけてわすれない。

(1)（　　） (2)（　　） (3)（　　）

**4** 〔反対《はんたい》の意味の言葉〕**つぎの——線の言葉と反対の意味になる言葉をあとからえらび、記号で答えましょう。**（50点）一つ5

(1) 今日はとても暑《あつ》い。（　　）
(2) 食べすぎて気分が悪《わる》い。（　　）
(3) きれいな花を植《う》える。（　　）
(4) とびらをおす。（　　）
(5) お店でノートを買う。（　　）
(6) 赤ちゃんの横《よこ》でねる。（　　）
(7) 新しい洋服《ようふく》をもらう。（　　）
(8) 子犬が生まれる。（　　）
(9) 森の中はしずかだ。（　　）
(10) 先生がまどをしめる。（　　）

**ア** よい　**イ** 死《し》ぬ　**ウ** うるさい
**エ** 古い　**オ** 寒《さむ》い　**カ** きたない
**キ** 売る　**ク** 引く　**ケ** 起《お》きる
**コ** 開《あ》ける　**サ** 美《うつく》しい

# 4 言葉《ことば》の意味《いみ》と使《つか》い方

答え↓べっさつ19ページ

ふく習《しゅう》のポイント！
- 言葉の意味を正しく理かいします。
- 言葉を文章《ぶんしょう》の中で正しく使います。
- 言葉の分るいのしかたを理かいします。

〈時間〉20分　〈合かく〉80点　〈とく点〉　/100

月　日

## 1 【言葉《ことば》の分るい】

**つぎのように言葉を分るいするとき、それぞれにあてはまる言葉をあとからすべてえらび、記号《きごう》で答えましょう。**（15点）一つ5かん答

(1) 物《もの》や事《こと》を表《あらわ》す言葉　（　　）

(2) 動《うご》きを表す言葉　（　　）

(3) 様子《ようす》を表す言葉　（　　）

**ア** 電話　**イ** 走る　**ウ** 青い

**エ** 広い　**オ** 登《のぼ》る　**カ** 読書

**キ** 丸い　**ク** 体育《たいいく》　**ケ** 親切だ

たいせつ

## 2 【言葉の使《つか》い方】

**つぎの文の（　）に入る言葉をあとからえらび、記号で答えましょう。（記号は一度《いちど》しか使えません。）**（20点）一つ4

(1) （　　）真昼《まひる》のような明るさだ。

(2) あしたは（　　）晴れるだろう。

(3) かれが負《ま》けるなんてことは（　　）ありえない。

(4) （　　）あなたが鳥になれたら、何をしたいですか。

(5) お兄さんは（　　）反対《はんたい》されても、意見《いけん》を曲《ま》げないだろう。

**ア** たとえ　**イ** もしも

**ウ** きっと　**エ** なぜ

**オ** けっして　**カ** まるで

## 3 【部首《ぶしゅ》が同じ漢字《かんじ》】つぎの□に漢字の足りない部分を書き足して、読み方に合う漢字を完成させましょう。（30点）一つ3

(1)
① ［金］《てつ》道
② ［金］《ぎん》行

(2)
① 野《や》［艹］《そう》
② ［艹］《に》物《もっ》

(3)
① ［ネ］《かみ》様《さま》
② 幸《こう》［ネ］《ふく》

(4)
① ［氵］《き》車
② 体［氵］《おん》

(5)
① ［欠］《うた》う
② ［欠］《じ》回

## 4 【部首の名前と意味《いみ》】つぎの「へん」や「つくり」の名前を（　）に書きましょう。また、その意味をあとからえらび、〔　〕に記号で答えましょう。（30点）一つ5かん答

(1) 彡（　　　）〔　〕
(2) 言（　　　）〔　〕
(3) 刂（　　　）〔　〕
(4) 頁（　　　）〔　〕
(5) 月（　　　）〔　〕
(6) 弓（　　　）〔　〕

**ア**「つき」や「じかん」にかん係《けい》する
**イ**「美《うつく》しいもようやかざり」にかん係する
**ウ**「ゆみ」や「ゆみの使《つか》い方」にかん係する
**エ**「言葉《ことば》」にかん係する
**オ**「あたま」にかん係する
**カ**「かたな」にかん係する

# 3 漢字《かんじ》の組み立て（部首《ぶしゅ》）

ふく習《しゅう》のポイント！
・漢字の部首を見つけます。
・部首のしゅるいをおぼえます。
・部首の意味《いみ》と名前をおぼえます。

〈時間〉20分　〈合かく〉80点　〈とく点〉　／100　月　日

答え↓べっさつ19ページ

たいせつ

**1** **［部首《ぶしゅ》と部首名］（れい）にならって、つぎの漢字《かんじ》にきょうつうする部分を書きましょう。また、そのよび名をあとからえらび、記号《きごう》で答えましょう。**（20点）一つ2

（れい）秋　科　秒　（禾）〔カ〕

⑴ 決　注　泳　（　）〔　〕

⑵ 住　倍　仕　（　）〔　〕

⑶ 投　指　拾　（　）〔　〕

⑷ 横　様　植　（　）〔　〕

⑸ 助　動　勝　（　）〔　〕

**ア** さんずい　**イ** ちから
**ウ** きへん　**エ** てへん
**オ** にんべん　**カ** のぎへん

**2** **［部首が同じ漢字］つぎの漢字の部分のうち、「糸（いとへん）」がつくと、漢字になるものを五つえらんで完成《かんせい》させ、□に書きましょう。**（20点）一つ4

泉　右　反
下　冬　田
東　古　山
寺　会　心

□ □ □ □ □

## 3 【形のにた漢字《かんじ》】漢字の形に気をつけて、□に漢字を書きましょう。

（32点）一つ4

(1)
① □《さか》を登《のぼ》る。
② □《いた》を切る。

(2)
① □《こおり》をわる。
② □《みず》が流《なが》れる。

(3)
① □《ち》球《きゅう》は美《うつく》しい。
② □《いけ》の魚にえさをやる。

(4)
① □《かたな》をみがく。
② □《ちから》をためる。

## 4 【同じ読み方の漢字】漢字の使《つか》い分けに気をつけて、□に漢字を書きましょう。

（24点）一つ4

(1)
① 本を図書館《としょかん》に□《かえ》す。
② 弟を家に□《かえ》す。

(2)
① □《はや》い時間に駅《えき》に着《つ》く。
② □《はや》い自動車《じどうしゃ》が通りすぎる。

(3)
① とくいな□□《きょうか》は国語だ。
② 体力を□□《きょうか》する。

# 2 漢字《かんじ》の書き

〈時間〉20分　〈合かく〉80点　〈とく点〉　/100

月　日

ふく習《しゅう》のポイント！

- 送《おく》りがなに気をつけます。
- 文章《ぶんしょう》をよく読んで、正しい漢字を書きます。
- 形のよくにた漢字に気をつけます。

答え↓べっさつ18ページ

**1** 〔漢字《かんじ》の書き方〕 **つぎの□に漢字を書きましょう。** （20点）一つ4

(1) 九九を□□《あんき》しましょう。

(2) バスを□□《うんてん》したい。

(3) けさ□□《たいおん》をはかった。

(4) この□□《へや》はあたたかい。

(5) 朝早く□《お》きる。

**2** 〔まちがえやすい送《おく》りがなの漢字〕 **つぎの――線のかたかなを、漢字と送りがな(ひらがな)に直して書きましょう。** （24点）一つ4

(1) いそいで駅《えき》へムカウ。（　　）

(2) たぬきが人にバケル。（　　）

(3) この地方は冬、雪がフカイ。（　　）

(4) こきゅうをトトノエル。（　　）

(5) 遠くにボールをナゲル。（　　）

(6) 休み時間がミジカイ。（　　）

**3** 【まちがえやすい読み方】つぎの漢字《かんじ》の読み方のうち、正しい方をえらび、記号《きごう》で答えましょう。（10点）一つ2

(1) 消去　ア しょうこ　イ しょうきょ　（　　）

(2) 酒屋　ア さかや　イ さけや　（　　）

(3) 深雪　ア しんせつ　イ ふかゆき　（　　）

(4) 重荷　ア じゅうに　イ おもに　（　　）

(5) 路地　ア ろじ　イ じち　（　　）

**4** 【同じ読み方】つぎの――線の漢字と同じ読み方の漢字を（　）からえらび、記号で答えましょう。（30点）一つ5

(1) 野球　（ア 業　イ 行　ウ 柱　エ 宮）　（　　）

(2) 歯科　（ア 葉　イ 字　ウ 詩　エ 池）　（　　）

(3) 委員　（ア 反　イ 意　ウ 苦　エ 助）　（　　）

(4) 重い　（ア 強い　イ 悪い　ウ 軽い　エ 思い）　（　　）

(5) 開く　（ア 空く　イ 聞く　ウ 鳴く　エ 引く）　（　　）

(6) 負う　（ア 問う　イ 習う　ウ 追う　エ 拾う）　（　　）

# 1 漢字《かんじ》の読み

**ふく習《しゅう》のポイント!**
- いろいろな読み方をする漢字に気をつけます。
- 送《おく》りがなのついた漢字を読み分けます。
- まちがえやすい読み方に気をつけます。

| 〈時間〉 | 〈合かく〉 | 〈とく点〉 | 月 日 |
|---|---|---|---|
| 20分 | 80点 | /100 | |

答え→べっさつ18ページ

**1** 〔漢字《かんじ》の読み方〕 **つぎの——線の漢字の読み方を書きましょう。** (30点) 一つ5

(1) 動物園（　　）でライオンを見る。

(2) はがきに住所（　　）を書く。

(3) 世界（　　）地図を見る。

(4) ねむれなくて羊（　　）を数える。

(5) 悲（　　）しい本を読む。

(6) 毎朝、新聞を配（　　）る。

**2** 〔いろいろな読み方〕 **つぎの——線の漢字の読み方を書きましょう。** (30点) 一つ5

(1)
① お母さんに相談（　　）をする。
② 話し相手（　　）になる。

(2)
① 屋根（　　）に鳥がいる。
② 屋上（　　）でのんびりする。

(3)
① お気に入りの服《ふく》を着（　　）る。
② 時間前に駅《えき》に着（　　）く。

# 3年 国語

## はじめに

3年生の国語では，漢字《かんじ》の読み書きや部首《ぶしゅ》，言葉《ことば》の分るいや反対《はんたい》の意味《いみ》の言葉，国語辞典《じてん》の使《つか》い方について学びます。とくに，国語辞典はひとりでも調《しら》べられるようしておきましょう。また，こそあど言葉や文の組み立てについても学びます。文の組み立てでは，修《しゅう》飾語《しょくご》がどの言葉をくわしく説明《せつめい》しているかを理かいしましょう。読み取りの単元《たんげん》では，物語《ものがたり》文，説明文はもちろんのこと，記ろく文や詩《し》の読み取りも練習《れんしゅう》して，さまざまな文章《ぶんしょう》になれていきましょう。

## 英語

4〜5ページ

### 1 大文字の練習をしよう！

1

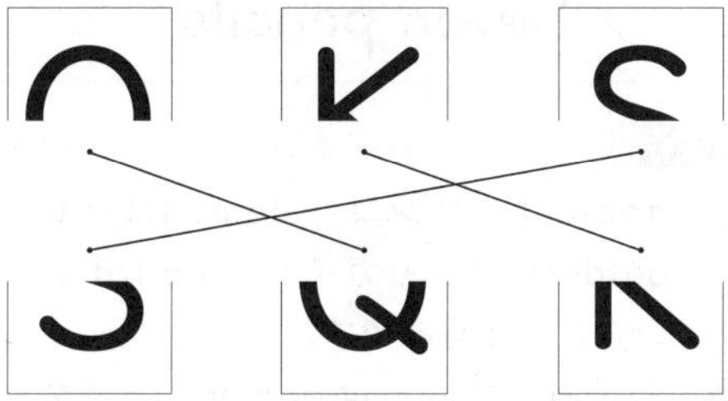

(1) S　(2) Q　(3) K

2 FHMPT（じゅん番は問《と》わない）

3

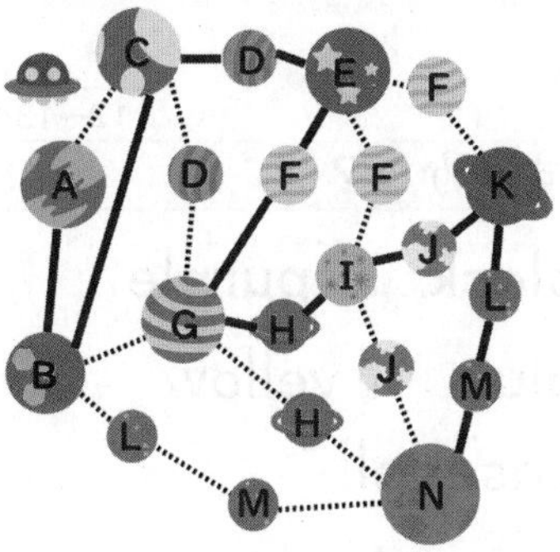


4 (1) P　(2) R　(3) U　(4) X

考え方

1 アルファベットの形をかくにんしながら答えを書きます。

**ここに注意！** 大文字は第《だい》３線より下にはみ出して書かないように注意《ちゅうい》しましょう。

2 Mの真《ま》ん中は第３線にくっつきます。アルファベットじゅんに書くことに注意します。

3 A→B→C→D→E→F→G→H→I→J→K→L→M→Nのじゅんにつなぎます。声に出して，アルファベットのじゅん番をかくにんしながらつなぎます。

4 形がにているアルファベットに注意しながら，前後のアルファベットがなくても書けるようにしておきましょう。

6〜7ページ

### 2 小文字の練習をしよう！

1 (1) e　(2) g　(3) l　(4) r

(5) u　(6) z

2

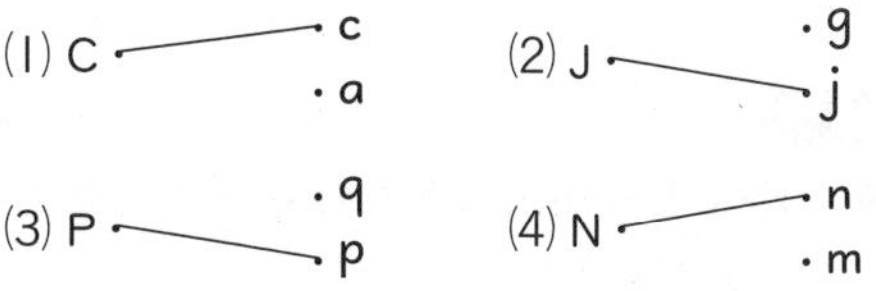


3 (1) a　(2) i　(3) r　(4) y

4 スタート

| | | | | | | | | |
|---|---|---|---|---|---|---|---|---|
| a | b | c | d | e | f | n | o | p |
| b | c | d | e | h | g | m | s | t |
| c | e | d | e | f | h | l | r | u |
| d | e | f | g | j | k | p | q | v |
| f | g | d | h | i | l | o | s | w |
| i | h | k | s | j | m | n | r | x |
| k | i | l | m | n | o | p | q | y |
| l | m | n | o | p | q | w | x | z |

ゴール

考え方

1 小文字のアルファベットを思いうかべ，左からじゅんに声に出して読みながら答えを書きます。

2 pとqはまちがえやすいので，それぞれの向《む》きをしっかりおぼえましょう。

3 aは第《だい》２線と第３線の間に書きます。iの点はjと同じように第１線と第２線の間に書きます。rは大文字と形がちがうので注意《ちゅうい》しましょう。yは第２線から第４線の間に書きます。

8〜9ページ

### 3 あいさつをしよう！

1 (1) Hello.　(2) See you.

ひっぱると、はずして使えます。

2 (1) sad (2) hungry

(3) fine

3

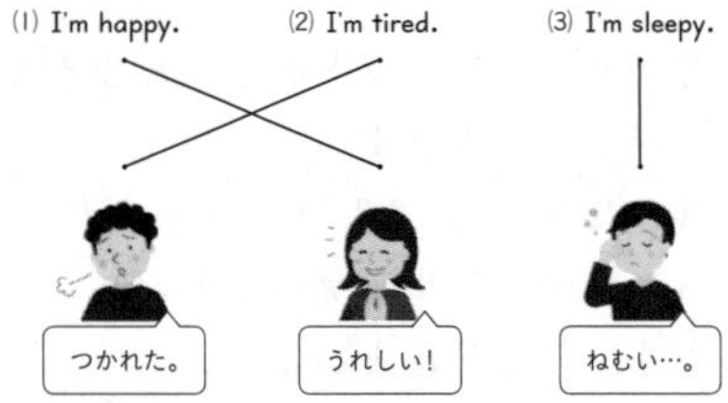


4 (1) Goodbye .

See you.

(2)How are you ?

I'm fine.

考え方

1 (1)Hi.とHello.はどちらも「こんにちは」という意味《いみ》です。

(2)Goodbye. は「さようなら」，See you. は「またね」という意味です。

2 (1)「悲《かな》しい」は sad, (2)「おなかがすいている」は hungry, (3)「元気な」は fine で表《あらわ》します。

3 (1)「わたしはうれしいです」，(2)「ぼくはつかれています」，(3)「ぼくはねむいです」という意味です。

4 (1)わかれのあいさつは，Goodbye. や See you. を使います。

(2)「元気ですか」とたずねるときは，How are you? と表します。答えるときは，I'm ～. を使《つか》い，気持《きも》ちやじょうたいを表すことばをあとにつづけます。

ここに注意！ 文のはじめの文字は大文字で書きます。

10～11ページ

## 4 数えてみよう！

1 (1)( banana , apple )

(2)( lemon , melon )

(3)( potato , tomato )

(4)( carrot , cucumber )

2 (1) eraser (2) crayon

(3) ruler

3 (1) Two (2) Five

(3) Three

4 (1) How many pencils ?

(2) Seven pencils .

考え方

1 appleは「リンゴ」，lemonは「レモン」，potatoは「ジャガイモ」，carrotは「ニンジン」という意味《いみ》です。

2 (1)「消《け》しゴム」は eraser, (2)「クレヨン」は crayon, (3)「じょうぎ」は ruler で表《あらわ》します。

3 (1)「リンゴはいくつですか」「2 このリンゴです」という意味になります。(2)「ジャガイモはいくつですか」「5 このジャガイモです」という意味になります。(3)「ボールはいくつですか」「3 このボールです」という意味になります。

4 数をたずねるときは，How many を使《つか》います。

12～13ページ

## 5 何がすきかな？

1 (1) black (2) purple

(3) blue (4) yellow

2 (1) baseball

(2) swimming

(3) basketball

3 (1)イ (2)エ (3)ア

4 (1)Do you like green? Yes , I do.

(2) What sport do you like?

I like dodgeball .

考え方

1 (1)「黒色《いろ》」はblack, (2)「むらさき色」はpurple, (3)「青色」はblue, (4)「黄色」は

yellowで表《あらわ》します。

2 (1)「野球《やきゅう》」はbaseball，(2)「水泳《すいえい》」はswimming，(3)「バスケットボール」はbasketballで表します。

**ここに注意！** basketball「バスケットボール」とbaseball「野球」のつづりのちがいに注意《ちゅうい》しましょう。

3 (1)「あなたは赤色《いろ》がすきですか」というしつ問《もん》には，No, I don't.「いいえ，すきではありません」という答えをえらびます。

(2)「あなたは何色がすきですか」というしつ問にはI like ～.を使《つか》って答えるので，I like green.「ぼくは緑《みどり》色がすきです」という答えをえらびます。

(3)「あなたはサッカーがすきですか」というしつ問には，Yes, I do.「はい，すきです」という答えをえらびます。

4 (1)「緑色がすきですか」とたずねるときは，Do you like green? と言います。「はい」はYesで表します。

(2)「どんなスポーツがすきですか」とたずねるときは，What sport do you like? と言います。答えるときは，I like ～.を使い，すきなスポーツを表すことばをあとにつづけます。

14～16ページ

## 6 仕上げテスト

1 (1) CYLEP
(2) mwtdh
(3) xqsbr

2 (1) See you. (2) I'm fine.

3 (1) four onions
(2) six erasers
(3) twelve crayons

4 How many tomatoes?
Three tomatoes.

5 (1) I play soccer.
(2) I play dodgeball.

6 (1) Do you like brown?
(2) No, I don't.
(3) What color do you like?
(4) I like white.

**考え方**

1 (1)大文字はすべて第《だい》1線から第3線の間に書きます。

(2)tの横線は第2線上に書きます。dの向《む》きに注意《ちゅうい》しましょう。

(3)qとbの向きに注意しましょう。

2 (1)Goodbye.は「さようなら」という意味《いみ》なのでSee you.「またね」をえらびます。

(2)How are you?は「元気ですか」という意味なので，I'm fine.「わたしは元気です」をえらびます。

3 (1)「4この玉ねぎ」はfour onions，(2)「6この消《け》しゴム」はsix erasers，(3)「12本のクレヨン」はtwelve crayonsです。

4 「～はいくつですか」とたずねるときは，How many ～? と言います。

「3このトマト」なので，three tomatoesで表《あらわ》します。carrotsは「ニンジン」という意味です。

5 「サッカー」はsoccer，「ドッジボール」はdodgeballで表します。「(スポーツ)をする」はplayを使《つか》います。

6 (1)「あなたは～がすきですか」とたずねるときは，Do you like ～?と言います。

(2)Do you like ～?のしつ問《もん》に「いいえ」で答えるときは，No, I don't.と言います。

(3)「あなたは何色《いろ》がすきですか」とたずねるときは，What color do you like?と言います。

(4)「わたしは～がすきです」と言うときは，I likeのあとにすきなものやことを表すたん語をつづけます。

# 算数

18～19ページ

## 1 かけ算

1 (1)4　(2)4

2 (1)18　(2)0　(3)4　(4)0　(5)1　(6)0

3 (1)6　(2)9　(3)5　(4)8　(5)7　(6)5

4 (1)40　(2)60　(3)20
(4)90　(5)10　(6)0

5 (1)(式《しき》)0×2＝0　(答え)0点
(2)(式)5×0＝0　(答え)0点
(3)(式)10×3＝30　(答え)30点

6 80まい

**とき方**

1 (1)4×2＝8
↓1ふえる　4大きくなる
4×3＝12
(2)4×6＝24
↓1へる　4小さくなる
4×5＝20

2 (2)0×8＝0

**ここに注意！** どんな数に0をかけても，0にどんな数をかけても，答えは0になります。
□×0＝0　　0×□＝0

3 (1)～(4)かけ算では，かける数が1ふえると，答えはかけられる数だけ大きくなり，かける数が1へると，答えはかけられる数だけ小さくなります。
(5)，(6)かけられる数とかける数を入れかえても，答えは同じになります。

5 とく点は(点数)×(あたった数)でもとめます。

6 色紙の全部《ぜんぶ》のまい数をもとめるには，かけ算を使います。
8×10＝80(まい)

20～21ページ

## 2 わり算

1 (式《しき》)15÷3＝5　(答え)5こ

2 (1)3　(2)5　(3)4　(4)7
(5)6　(6)8　(7)1　(8)6
(9)0　(10)0　(11)1　(12)9

3 3倍《ばい》

4 (1)20　(2)30　(3)20　(4)20
(5)10　(6)10　(7)32　(8)21
(9)11　(10)12　(11)31　(12)43

5 20円

6 12こ

**とき方**

1 [1人分の数]×3 が15こだから，1人分の数は，□×3＝15 の□にあてはまる数になります。

2 (1)2×□＝6　□＝3
(2)3×□＝15　□＝5
(3)5×□＝20　□＝4
(4)7×□＝49　□＝7
(5)8×□＝48　□＝6
(6)9×□＝72　□＝8
(7)，(11)わられる数とわる数が同じわり算の答えは1になります。
(8)，(12)1でわるわり算の答えは，わられる数と同じになります。
(9)，(10)0をどんな数でわっても，答えは0になります。

**ここに注意！** 0を数でわることはできますが，数を0でわることはできません。
0÷7＝0 ですが7÷0 は計算できないことに気をつけましょう。

3 「何倍」も，「何こ分」や「何人分」と同じように考えてわり算を使《つか》います。
24÷8＝3 で，3倍になります。

4 (1)80は10が8こと考えると，80÷4は10が(8÷4)こだから，10が2こで，20
(7)64を60と4に分けて，60÷2＝30，4÷2＝2 だから，30と2をたして，32

5 代金《だいきん》の80円は，ガム4こ分のねだんだから，
80÷4＝20(円)

6 36こを3人に分けるのだから，
36÷3＝12(こ)

22～23ページ

## 3 たし算とひき算の筆算

1 (1)442　(2)381　(3)901　(4)1800
(5)1000　(6)1251　(7)8423　(8)2707

2 1262人

3 1200円

4 (1)125 (2)224 (3)408 (4)19
(5)493 (6)7 (7)2608 (8)6968

5 はるきさんが38こ多くひろった。

6 50円

**とき方**

1 くり上がりの数に気をつけます。

(2)
```
    1
  1 5 6
+ 2 2 5
  3 8 1
```
このように，1をくり上がる位《くらい》の上に書くと，まちがえなくなります。

(4)
```
  1
  9 2 0
+ 8 8 0
1 8 0 0
```
百の位がくり上がるときは，答えは4けたになります。

(7)，(8)4けたのたし算も，3けたのたし算と同じように，一の位からじゅんに計算していきます。

2 あわせた人数をもとめるときは，たし算を使《つか》います。
572＋690＝1262(人)

3 チョコレートとクッキー両方《りょうほう》で，
370＋400＝770(円)はらったので，これに，のこったお金430円をたすと，はじめに持《も》っていたお金になります。
770＋430＝1200(円)

4 3けたのひき算も，2けたのひき算と同じようにくり下がりを使います。

(2)
```
    5
  3 6 2
- 1 3 8
  2 2 4
```
(3)
```
    0
  4 1 1
-     3
  4 0 8
```
(4)
```
  0 9
  1 0 8
-   8 9
    1 9
```
(6)
```
    3
  5 4 2
- 5 3 5
      7
```

**ここに注意！** (3)のように，(3けたの数)－(1けたの数)を計算するときは，十の位の0や百の位の4を，答えに書きわすれないよう，気をつけましょう。

(7)，(8)4けたのひき算も，3けたのひき算と同じように，くり下がりを使います。

5 ちがいをもとめるには，数の多いほうから少ないほうをひきます。数が多いのははるきさんだから，はるきさんが214－176＝38(こ)多くひろいました。

6 おかし屋《や》さんで280円使ったから，のこりは
700－280＝420(円)
くだもの屋さんでは，そこから370円使ったから，420－370＝50(円)がのこったお金になります。

24～25ページ

## 4 大きな数

1 (1)百万の位《くらい》 (2)2
(3)千五百三十二万四千九十八

2 (1)25941
(2)64550000
(3)70562983
(4)4207300
(5)100000000

3 ㋐8400万 ㋑9350万 ㋒1億《おく》

4 (1)＞ (2)＝

5 (1)324000 (2)67200
(3)51000 (4)9080

6 98円

**とき方**

1

| 1 | 5 | 3 | 2 | 4 | 0 | 9 | 8 |
|---|---|---|---|---|---|---|---|
| ↑ | ↑ | ↑ | ↑ | ↑ | ↑ | ↑ | ↑ |
| 千万の位 | 百万の位 | 十万の位 | 一万の位 | 千の位 | 百の位 | 十の位 | 一の位 |

数の位は，上のように右からじゅんに10倍《ばい》ずつ大きくなっています。
(3)百の位は0なので，漢字《かんじ》で書くときは，書かないようにします。

2 (2)千，百，十，一の位は0と考えます。
(3)，(4)あいている位には0を書きます。
(5)一億の位にくり上がります。

**ここに注意！** (2)は，答えを6455としてはいけません。位に気をつけて，0をいくつつけたらよいのか考えましょう。

3 この数直線《すうちょくせん》では，大きい目もりが100万で，小さい目もりが50万を表《あらわ》しています。

4 (1)どちらも十万の位が等《ひと》しいので，一万の位の数字をくらべます。
(2)3000＋7000＝10000 です。

5 (1)32400を10倍すると，右に0をつけて324000になります。

ここに注意！ ある数を10倍すると，もとの数の右に0が1つ，100倍すると，もとの数の右に0が2つ，1000倍すると，もとの数の右に0が3つついた数になります。
また，一の位が0の数を10でわると，もとの数の一の位の0をとった数になります。

6 1さつのねだんは，980円を10でわった数になるから，98円になります。

26～27ページ

## 5 時間と長さ

1 (1)6時52分 (2)7時7分 (3)5時32分
2 1時間25分
3 8分
4 (1)cm (2)km (3)m
5 (1)4 (2)6050
6 (1)680m
(2)道のりが180m長い。

とき方

1 わからないときは，時計の文字ばんを使《つか》って，はりを動《うご》かしてみましょう。

2 午後2時45分から午後3時までが15分，午後3時から午後4時10分までが1時間10分だから，あわせて1時間25分です。

3 4分35秒《びょう》＋5秒＋3分20秒＝7分60秒 となりますが，60秒＝1分 だから，答えは8分となります。

ここに注意！ 1時間＝60分，1分＝60秒のかん係《けい》を使って，計算できるように練習《れんしゅう》しましょう。

4 (1)教科書のたての長さは，26mでは長すぎるので，26cmと分かります。

ここに注意！ 長さのたんいには，mm，cm，m，kmがあります。
1km＝1000m，1m＝100cm，1cm＝10mm というかん係になっています。

5 1km＝1000m を使います。
6 (1)200＋360＋120＝680(m)
(2)680－500＝180(m)

ここに注意！ 道のりは，道にそってはかった長さです。きょりは，まっすぐにはかった長さです。

28～29ページ

## 6 あまりのあるわり算

1 (1)2 (2)3 (3)6，1 (4)5，5
2 (1)29÷6＝4あまり5
(2)54÷9＝6(わり切れる)
(3)37÷4＝9あまり1
3 (1)2あまり2 (2)1あまり1
(3)3あまり4 (4)6あまり1
(5)6あまり4 (6)7あまり4
(7)3あまり2 (8)9あまり4
(9)8あまり2 (10)7あまり5
(11)8あまり7 (12)4あまり2
4 (1)2あまり6
(たしかめ)8×2＝16，16＋6＝22
(2)6あまり7
(たしかめ)9×6＝54，54＋7＝61
5 1人分は7こになって，2こあまる。
6 7本
7 9きゃく

とき方

1 (1)5×2＝10，12－10＝2
(2)6×4＝24，27－24＝3
(3)6では，7×6＝42 で，1あまります。
7では，7×7＝49で，43をこえます。
だから，43÷7＝6あまり1
(4)5では，9×5＝45 で，5あまります。
6では，9×6＝54 で，50をこえます。
だから，50÷9＝5あまり5

ここに注意！ (3)では，7のだんで答えがわられる数の43にいちばん近くて，43より小さいものをさがしましょう。
…，七五 35，(七六 42)，七七 49，…

2 (1)六五30では，わられる数の29よりも大きくなってしまうので，まちがいです。
(2)九六54なので，54÷9は6でわり切れます。
(3)あまりがわる数より小さくなるようになおします。

**ここに注意！** わり算のあまりは，いつもわる数より小さくなることに気をつけましょう。

4 答えのたしかめは，わる数に答えをかけて，あまりをたします。その数がわられる数と同じになれば正しいと分かります。

5 30÷4＝7あまり2

6 70÷9＝7あまり7
あまった7mは，本数には入りません。

7 43÷5＝8あまり3
あまった3人も1きゃく使《つか》うから，
8＋1＝9（きゃく）いります。

30～31ページ

## 7 かけ算の筆算 ①

1 (1)60 (2)80 (3)280
(4)600 (5)800 (6)4500

2 (1)4，8 (2)3，6

3 (1)24 (2)93 (3)75 (4)95
(5)287 (6)480 (7)116 (8)402

4 (1)286 (2)820 (3)2198 (4)2480
(5)2334 (6)2070 (7)1143 (8)6600

5 512ページ

6 555mL

**とき方**

1 (1)30×2＝3×2×10
(2)20×4＝2×4×10
(3)40×7＝4×7×10
(4)200×3＝2×3×100
(5)100×8＝8×100
(6)500×9＝5×9×100と考えます。

3 かけ算の筆算《ひっさん》は，次《つぎ》のように考えます。

(3)
```
   2 5
 × 3
 ─────
   1 5 ←…… 5×3
   6 0 ←…… 20×3
 ─────
   7 5
```
60の0は書かなくてもよい。

(8)
```
   6 7
 ×   6
 ─────
   4 2 ←…… 7×6
 3 6 0 ←…… 60×6
 ─────
 4 0 2
```

4 3けたのかけ算も，2けたのかけ算のときと同じように考えることができます。

(5)
```
   3 8 9
 ×     6
 ───────
     5 4 ←…… 9×6
   4 8 0 ←…… 80×6
 1 8 0 0 ←…… 300×6
 ───────
 2 3 3 4
```

5 128×4＝512（ページ）

6 85×3＝255（mL）飲《の》んだことになるから，
はじめにあった麦茶は，
255＋300＝555（mL）となります。

32～33ページ

## 8 表とぼうグラフ

1 (1)いちご (2)9人 (3)36人

2 (1)，(2)

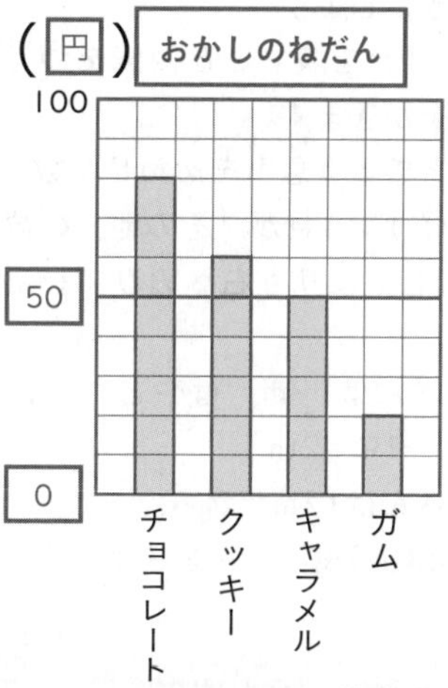


3
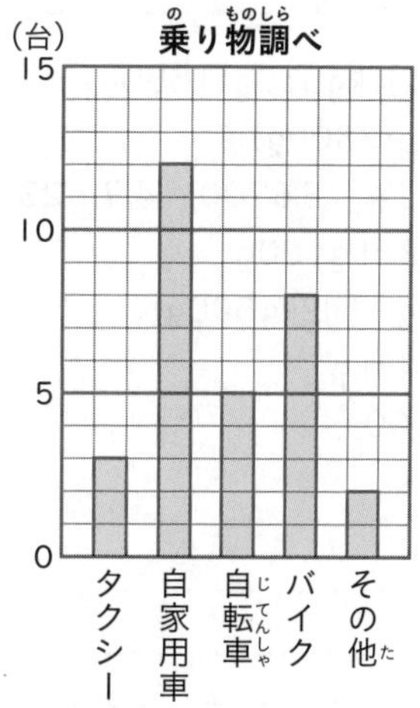


4 (1)2人
(2)はやとさんが2m遠くへ投《な》げた。
(3)わたるさん

**とき方**

1 りんご…7人，いちご…12人，バナナ…6人，すいか…9人，みかん…2人と分かります。
(3)7＋12＋6＋9＋2＝36（人）

**ここに注意！** 1で使《つか》っている「正」の字は，1つで5の数を表《あらわ》しています。数をかぞえるときにべんりです。

2 (1)(□)にねだんのたんいを書きます。左の□には目もりを書きます。100を10に分けるから，1目もりは10です。
上の□に表題《ひょうだい》を書きます。
(2)しゅるいをまちがえないように数にあわせて，目もりのところまできっちりとぼうグラフをかきましょう。

3 1目もりが1台を表すことに気をつけて，ぼうグラフをかきます。
トラックときゅう急車《きゅうしゃ》をあわせた数は，
1＋1＝2(台)　これが「その他」の数です。

4 (1)20の目もりよりも右へのびているぼうの数です。
(2)あおいさんは19m，はやとさんは21mだから，21－19＝2(m)
(3)ゆかりさんは12mだから，
12×2＝24(m)投げた人をさがします。

34～35ページ

## 9 重　さ

1 (1)340g　(2)1kg550g(1550g)
(3)3kg800g(3800g)

2 (1)2000　(2)4　(3)6700　(4)9，230

3 (1)12kg　(2)5kg100g
(3)1kg400g　(4)2kg500g

4 (1)t　(2)g　(3)kg

5 1000，1000

6 6kg

7 1kg300g

**とき方**

1 (1)100gの半分は50gです。はかりの目もりが10こで50gなので，1目もりは5gになります。はりは300gから8目もり進《すす》んだところを指《さ》しているので，
5×8＝40(g)だから，340gです。
(2)200gの半分は100gです。はかりの目もりが10こで100gなので，1目もりは10gになります。はりは1500gから5目もり進んだところを指しているので，
10×5＝50(g)だから，1550gです。
また，1550g＝1kg550gになります。
(3)はかりの目もりが10こで500gなので，1目もりは50gになります。また，長い目もりは3つで750gです。はりは3kgから長い目もり3つ分進んだところから1目もりのところを指しています。
750＋50＝800(g)だから，3kg800gです。また，3kg800g＝3800gになります。

2 1kg＝1000g，1t＝1000kgのかん係《けい》を使《つか》います。

3 (2)800g＋300g＝1100g＝1kg100gだから，4kgと1kg100gをたして，5kg100gになります。

4 (3)1円玉1この重《おも》さは1gだから，1000こで1000g＝1kgとなります。

5 1kg＝1000g，1t＝1000kgなので，どちらも1000倍《ばい》です。

6 みどりさんと赤ちゃんの2人の体重《たいじゅう》をたした重さが31kgと考えます。
31－25＝6(kg)

7 300×4＝1200
1200＋100＝1300
1300g＝1kg300g

36～37ページ

## 10 かけ算の筆算 ②

1 (1)360　(2)480　(3)1200
(4)3150　(5)5360　(6)3000

2 (1)
$$\begin{array}{r} 73 \\ \times\ 46 \\ \hline 438 \\ 292\phantom{0} \\ \hline 3358 \end{array}$$
(2)
$$\begin{array}{r} 35 \\ \times\ 28 \\ \hline 280 \\ 70\phantom{0} \\ \hline 980 \end{array}$$

3 (1)1767　(2)1368　(3)3008
(4)3320　(5)3420　(6)5626
(7)2100　(8)6162

4 (1)4640　(2)5115　(3)10224
(4)30780　(5)34428　(6)14700

5 1kg140g

6 2415円

**とき方**

1 (1)12×30＝12×3×10＝36×10
＝360
(2)24×20＝24×2×10＝48×10
＝480

(3)30×40＝3×4×100＝12×100
＝1200
(4)45×70＝45×7×10＝315×10
＝3150
(5)67×80＝67×8×10＝536×10
＝5360
(6)50×60＝5×6×100＝30×100
＝3000

**3** (2けた)×(2けた)の筆算《ひっさん》は，次《つぎ》のように考えて計算します。

(1)
```
    31
  × 57
   217  ←……31×7
  1550  ←……31×50
  1767
```
でも，実《じっ》さいは ⇒
```
    31
  × ⑤⑦
   217  ←……31×⑦
  155   ←……31×⑤
  1767
```
と書きます。

(2)
```
    72
  × 19
   648
   72
  1368
```
(3)
```
    94
  × 32
   188
  282
  3008
```
(4)
```
    40
  × 83
   120
  320
  3320
```
(5)
```
    57
  × 60
  3420
```
何十をかける筆算では，一の位《くらい》はかならず0になるので，57×6を計算してさい後に0をつけるやり方でも計算できます。

(6)
```
    58
  × 97
   406
  522
  5626
```
(7)
```
    25
  × 84
   100
  200
  2100
```
(8)
```
    79
  × 78
   632
  553
  6162
```

**4** (3けた)×(2けた)の筆算も，(2けた)×(2けた)の筆算と同じように計算します。

(1)
```
   145
  × 32
   290
  435
  4640
```
(2)
```
   341
  × 15
  1705
  341
  5115
```

**5** 95×12＝1140
1140g＝1kg140gとなります。

**6** 115×21＝2415(円)

38～39ページ

## 11 三角形，円と球

**1** (1)二等辺三角形《にとうへんさんかくけい》 (2)正三角形
(3)直角三角形

**2** **イ，ア，ウ**

**3** (1)中心 (2)半径《はんけい》 (3)10cm

**4** (1)3cm (2)12cm

**5** (1)**ウ** (2)**オ**

**6**
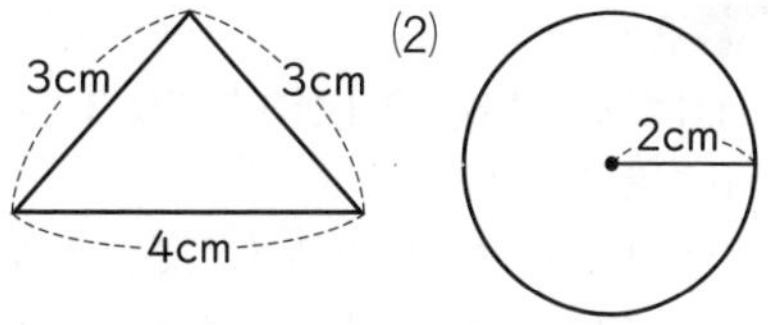


**とき方**

**1** 2つの辺の長さが等《ひと》しい三角形は二等辺三角形，3つの辺の長さがすべて等しい三角形は正三角形です。1つの角が直角の三角形は直角三角形です。

**3** 円の真《ま》ん中《なか》の点を円の中心，中心から円のまわりまでひいた直線を半径といいます。円の中心を通って，まわりからまわりまでひいた直線を円の直径といいます。
(2)㋑は中心から円のまわりまでひいた直線です。
(3)㋒は半径です。直径は半径の2倍《ばい》なので，直径は，5×2＝10(cm)となります。

**ここに注意！** 1つの円では，半径の長さはどれも同じです。

**4** (1)球《きゅう》が横《よこ》に4こならんでいて24cmなので，1この球の直径は
24÷4＝6(cm)
半径は直径の半分なので，6÷2＝3(cm)
(2)直径6cmの球が2こ分なので，
6×2＝12(cm)となります。

**6** (1)はじめに4cmの辺をかきます。次《つぎ》に，辺の両《りょう》はしにコンパスのはりをそれぞれあわせて半径3cmの円を2つかきます。2つの円の交わったところが三角形のもう1つのちょう点です。

40～41ページ

## 12 小数と分数

**1** (1)8.3 (2)4.7 (3)2.9

**2** (1)$\frac{3}{6}$ (2)$\frac{7}{4}$ (3)1

**3** ㋐0.7 ㋑1.4 ㋒$\frac{5}{10}$ ㋓$\frac{12}{10}$

**4** (1)< (2)> (3)< (4)＝

**5** (1)0.8 (2)2 (3)0.8 (4)1.6
(5)9.3 (6)4.5 (7)8

**6** (1)$\frac{5}{6}$ (2)1 (3)$\frac{3}{5}$ (4)$\frac{2}{3}$

**とき方**

**1** (1)1が8こで8，0.1が3こで0.3だから，あわせて8.3
(2)0.1が10こで1だから，0.1が40こで4，0.1が7こで0.7だから，あわせて4.7

**2** $\frac{1}{\bigcirc}$を△こ集《あつ》めると$\frac{\triangle}{\bigcirc}$になります。また，$\frac{1}{\bigcirc}$を○こ集めると1になります。

**3** ㋐，㋑1目もりは，0.1だから，0と1の間の目もりは，0.1，0.2，0.3，…のようにかぞえ，1より大きい目もりは，1.1，1.2，1.3，…のようにかぞえます。
㋒，㋓1目もりは$\frac{1}{10}$だから，0と1の間の目もりは，$\frac{1}{10}$，$\frac{2}{10}$，$\frac{3}{10}$，…のようにかぞえ，1より大きい目もりは，$\frac{11}{10}$，$\frac{12}{10}$，$\frac{13}{10}$，…のようにかぞえます。

**4** (2)1.1は0.1が11こ分，0.9は0.1が9こ分なので，1.1のほうが大きいです。
(4)$\frac{1}{10}$＝0.1なので，$\frac{8}{10}$＝0.8です。

**5** (2)1.8は0.1が18こ，0.2は0.1が2こだから，1.8＋0.2 は0.1が 18＋2＝20(こ)で，2
(3)1.7は0.1が17こ，0.9は0.1が9こだから，1.7－0.9 は0.1が 17－9＝8(こ)で，0.8
(5) $\begin{array}{r} 3.4 \\ +\ 5.9 \\ \hline 9.3 \end{array}$ (6) $\begin{array}{r} 7.3 \\ -\ 2.8 \\ \hline 4.5 \end{array}$

**ここに注意！** 小数の筆算《ひっさん》では，小数点をそろえて書き，整数《せいすう》のときと同じように計算し，さい後に小数点を下におろして小数点をうちます。(7)のように，答えの小数第《しょうすうだいいち》1位《い》の数が0になるときは，0を書くひつようはありません。8.0とは書かずに8と書きます。

**6** (1)$\frac{2}{6}$は$\frac{1}{6}$が2つ分，$\frac{3}{6}$は$\frac{1}{6}$が3つ分だから，あわせると，$\frac{1}{6}$が5つ分で$\frac{5}{6}$です。
(2)$\frac{7}{7}$＝1です。
(4)1を$\frac{3}{3}$になおして計算します。

42～43ページ

## 13 □を使った式

**1** (1)イ
(2)(左から)とんできたハト，全部《ぜんぶ》のハト
(3)13＋□＝19 (4)6羽

**2** (1)35－□＝17 (2)18こ

**3** (1)18＋□＝29 (2)11本

**4** (1)560－□＝340 (2)220円

**5** (1)□×4＝24 (2)6こ

**とき方**

**1** (1)図にわかっているハトの数を書き入れると，次《つぎ》のようになります。

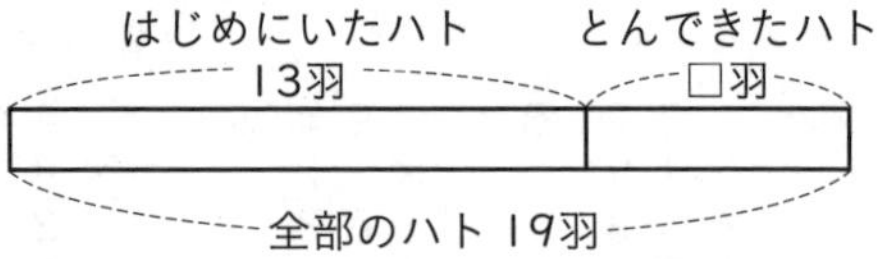


(4)□は19－13 のように，ひき算にしてもとめます。

**2** (1)［はじめにあったクッキー］－［食べたクッキー］＝［のこったクッキー］

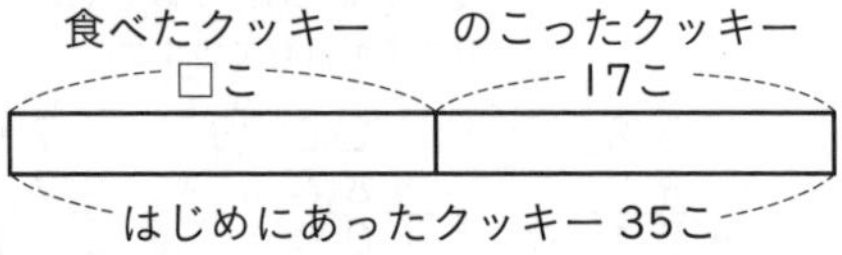


(2)□は 35－17 でもとめます。

**3** (1)［持《も》っていたえん筆《ぴつ》］＋［もらったえん筆］＝［全部のえん筆］

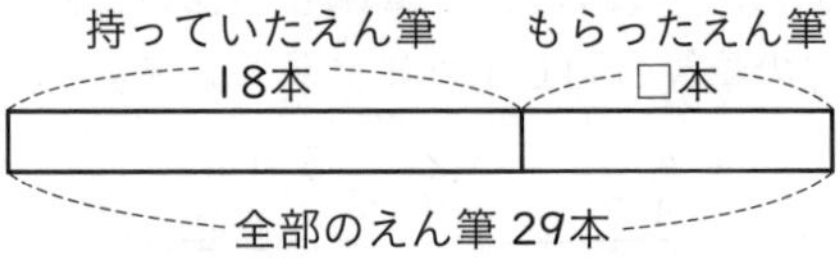


(2)□は 29－18 でもとめます。

**4** (1)［持っていたお金］－［おり紙の代金《だいきん》］＝［のこったお金］

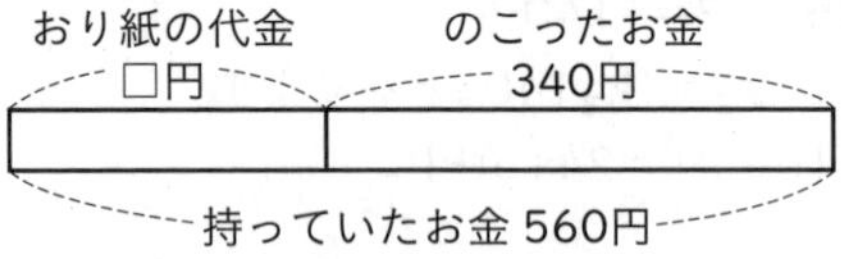


(2)□は 560－340 でもとめます。

**5** (1)［1箱《はこ》のケーキの数］×［箱の数］＝［全部のケーキの数］

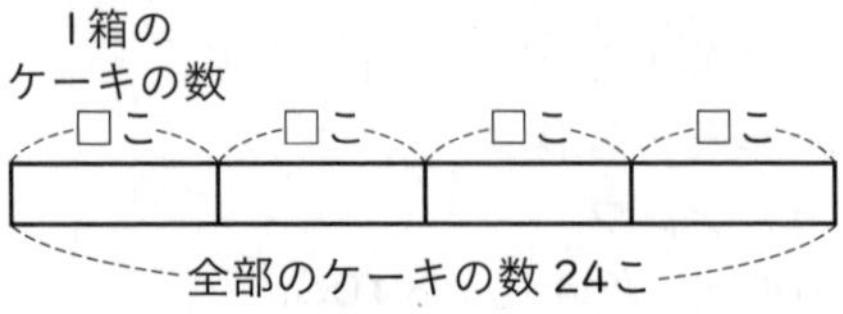


(2)□は 24÷4 でもとめます。

44〜45ページ

## 14 問題の考え方

**1** 9こ
**2** 12dL
**3** たつやさんが165円多くはらった。
**4** 50台
**5** 8円
**6** 80m
**7** 4m
**8** 20cm

とき方

**1** 24÷4＝6 だから，ボールを入れたかごの数は6こです。かごはまだ3このこっているのだから，かごは全部《ぜんぶ》で6＋3＝9(こ) あります。

**2** ペットボトルにはコップの3倍《ばい》の水が入るから，2×3＝6(dL)入ります。水とうは，その2倍の水が入るから，6×2＝12(dL)入ります。
2×3×2＝12(dL)というように，1つの式《しき》で考えることもできます。

**3** あき子さん…25×5＝125(円)
たつやさん…58×5＝290(円)
はらったお金のちがいは，ひき算でもとめます。290－125＝165(円)

**4** 図で表《あらわ》すと，わかりやすくなります。

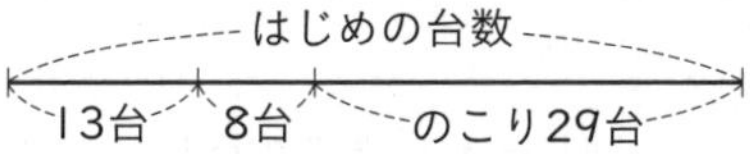


13＋8＋29＝50(台)

**5** 3人の子どもに3こずつ配《くば》るから，あめのこ数は，3×3＝9(こ)
あめ1このねだんを□円と考えると，
□×9＝72 だから，わり算を使《つか》います。
72÷9＝8(円)

**6** 1列《れつ》にならんだものの間の数は，ものの数より1少ない数になります。1本目から11本目までの間の数は，下の図のように，
11－1＝10 となるから，くみさんは，
8×10＝80(m)歩いたことになります。

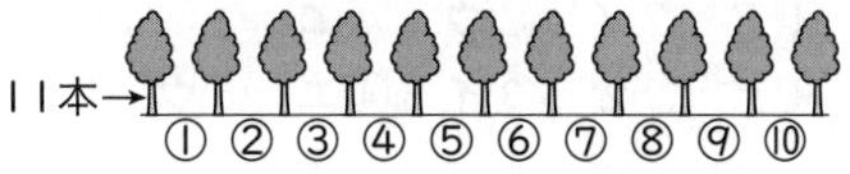


**7** 池や花だんなど，1しゅうできるもののまわりにならべたものの数と，間の数は同じです。
36÷9＝4(m)

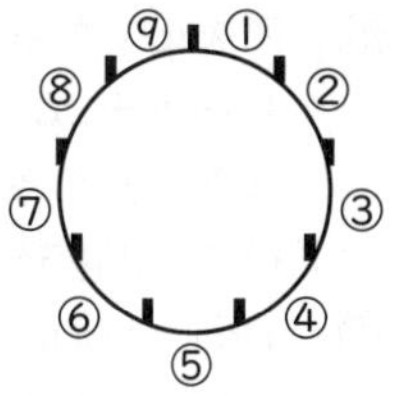


**8** 図の色のついたところがつなぎ目だから，
150＋200－330＝20(cm)

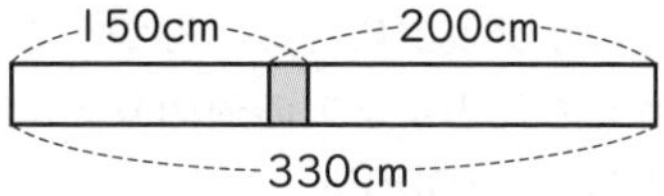


46〜48ページ

## 15 仕上げテスト

**1** (1)7　(2)11　(3)4あまり6
(4)4000　(5)8　(6)9あまり7
(7)9725　(8)2394　(9)4104
(10)3666　(11)1513　(12)32766
**2** (1)31079　(2)48005　(3)138100
**3** 3時5分
**4** (1)2400　(2)8　(3)1，500
**5** (1)　あつしの家からの道のり

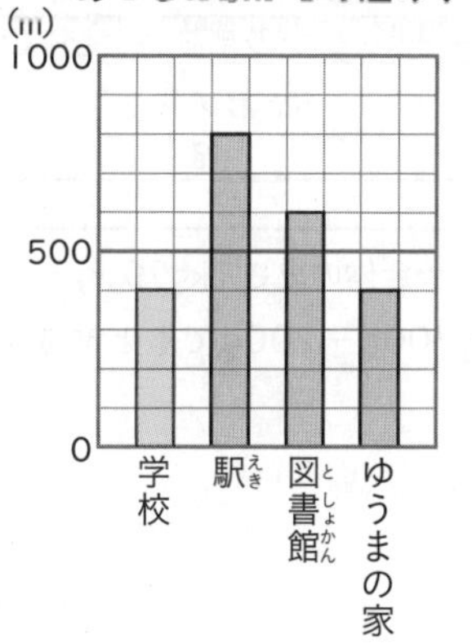


(2)1000m
**6** 2kg300g
**7** (1)二等辺三角形《にとうへんさんかくけい》　(2)正三角形
**8** (1)<　(2)>
**9** 1kg500g

とき方

**2** (1)百の位《くらい》には0を書きます。
(2)10と100は1こもないので，十の位と百の位には，0を書きます。
(3)1381を100倍《ばい》すると，1381の右に0が2つつきます。

3 家を出てからおばあさんの家に着《つ》くまで，10＋5＋20＝35(分)かかっているから，おばあさんの家に着いたのは2時30分の35分後で，3時5分になります。

4 1km＝1000mを使《つか》います。
(3)600＋900＝1500(m)
1500m＝1km500m

5 (2)ゆうまさんの家からあつしさんの家までの道のりは，ぼうグラフにある，あつしさんの家からゆうまさんの家までの道のりと同じです。400＋600＝1000(m)

6 さとうの重《おも》さは，全部《ぜんぶ》で350×6＝2100(g)だから，箱《はこ》の重さの200gをたして，
2100＋200＝2300(g)
2300g＝2kg300g

7 (1)3cmの辺い外《がい》の2つの辺は半径《はんけい》だから，どちらも4cmです。2つの辺の長さが等《ひと》しいから，二等辺三角形です。
(2)㋑の三角形の2つの辺は半径だから，どちらも4cmです。すべての辺の長さが等しいから，正三角形です。

8 (2)$\frac{1}{10}$＝0.1 なので，$\frac{6}{10}$＝0.6 です。

9 皿《さら》の重さ＋ぶどうの重さ＝全体の重さ

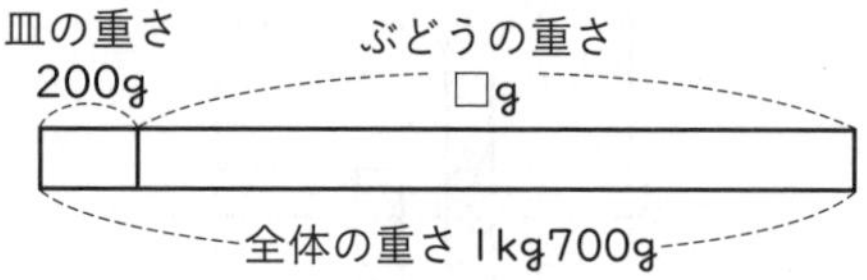


□は1kg700g－200gでもとめます。

# 社会

50～51ページ

## 1 地図のきまり

1 (1)A…北　B…西　C…南　D…東
(2)**エ**
2 (1)方位《ほうい》じしん　(2)**イ**　(3)北
3 **ウ**

考え方

1 (2)絵地図の下にある，使《つか》われている絵のせつ明をよく理かいしてから答えましょう。
**エ**．かすが川は北から南に流《なが》れています。
2 方位じしんを使うときには，はりの色のついた方を北に合わせるようにします。
3

ここに注意！ はじめに決《き》めた行き先が遠すぎたり，とちゅうにきけんな場所《ばしょ》があったりした場合《ばあい》には，コースをかえて安全《あんぜん》にたんけんしましょう。

52～53ページ

## 2 わたしたちの市のようす

1 (1)**エ**　(2)**イ**　(3)①北　②東　(4)**エ**
2 ①**カ**　②**イ**　③**オ**
3 (1)病院《びょういん》　(2)寺院(寺)　(3)消《しょう》ぼうしょ
(4)城《しろ》あと　(5)交番

考え方

1 (4)市役所《しやくしょ》と同じ通りにあるのはけいさつしょです。
2 工場でつくられる重《おも》いせい品《ひん》は，輸送《ゆそう》には，船が使《つか》われることが多いです。
3 地図記号《きごう》は，それぞれの由来《ゆらい》を知るとおぼえやすくなります。たとえば，学校は「文」の文字の形がもとになっています。

54～55ページ

## 3 くらしと商店

1 (1)商店《しょうてん》がい　(2)**ア**　(3)**ア**　(4)**ウ**
(5)①八百屋《やおや》　②本屋
2 (1)**ア**　(2)**イ**　(3)**ウ**　(4)**エ**
3 ①**ア**　②**オ**　③**イ**　④**エ**　⑤**ウ**

考え方

1 (3)(4)商店がいには，毎日の食事《しょくじ》にひつような食べ物《もの》を売っている店が多いので，夕食の買い物をする夕方にこんざつします。

2 スーパーマーケットは，大きなちゅう車場があり，いろいろなものを売っているので，まとめて買い物をする人が多いです。

3 ①しょう味期《みき》げんは，その食品《しょくひん》がいつまで安《あん》心《しん》しておいしく食べられる(飲《の》める)かを表《あらわ》したものです。

56～57ページ

## 4 スーパーマーケットの仕事

1 (1)**イ**　(2)**ア**　(3)**ウ**　(4)**エ**

2 (1)リサイクル　(2)エコマーク

3 (1)**イ**　(2)①北海道《ほっかいどう》，兵庫県《ひょうごけん》
②青森《あおもり》県，長野《ながの》県　(3)船　(4)**エ**

考え方

1 スーパーマーケットのなかには，お客《きゃく》さんに意見《いけん》やきぼうを書いてもらうコーナーをつくっているところもあります。

3 世界《せかい》の国々から運《はこ》ばれてくる品物《しなもの》には，国内ではつくられていないもの，国内のものより安《やす》いものなどがあります。

58～59ページ

## 5 農家の仕事

1 (1)3(回)　(2)①せん定《てい》　②てきか
(3)10月(から)　(4)**イ**

2 (1)農業《のうぎょう》きょう同組合《くみあい》(ＪＡ《ジェイエー》)　(2)**ウ**
(3)たいひ　(4)①うね　②風通しや水はけをよくして，病気《びょうき》にかかりにくくするため。(根《ね》がよくはって，土の中のえいようをたくさんすい上げるようにするため。)

考え方

1

ここに注意！ みかんのさいばいにてきした場所《ばしょ》は，日当たりがよく，水はけのよいところです。また，米づくりには雨や雪が多く，夏には気温《きおん》が高くなるところがてきしています。このように，作物《さくもつ》によってさいばいにてきしているかんきょうはちがっています。

2 (3)化学《かがく》ひりょうを使《つか》わず，たいひなどのひりょうを使って行われる農業を有機《ゆうき》農業といいます。

60～61ページ

## 6 工場の仕事

1 (1)**イ**　(2)**ア→ウ→イ→エ**　(3)**エ**

2 (1)**イ**　(2)**ウ**　(3)**エ**　(4)**ア**

3 **ア**，**エ**，**オ**，**キ**

考え方

1 (1)**ア**．すけとうだらは北の海で，いとよりだいは南の海でとれます。**ウ**．地図から読み取《と》ることはできません。
(3)かまぼこ工場でつくられている品物《しなもの》は，魚のすり身《み》を原りょうにしたものです。とうふは魚ではなくだいずを原りょうにしてつくられています。

2 手をあらったあとタオルを使《つか》わないのは，タオルを使うとばいきんがのこってしまう心配《しんぱい》があるためです。これらのほかに，工場に入る前には，くつのそこを自動《じどう》ブラシできれいにしたり，風でからだについたごみをふきとばしたりもしています。

3 **イ**のような海や川でとれるもの，**ウ**や**カ**のような畑《はたけ》でできるもの，**ク**のたまごなどは，工場でつくることはできません。

62～63ページ

## 7 安全なくらし ①

1 (1)119(番)
(2)①**イ**　②**エ**

2 ①**エ**　②**オ**　③**イ**　④**ア**

3 (1)**A…イ**　**B…ウ**　**C…ア**　**D…エ**
(2)①**B**　②**A**

4 **ア**

考え方

1 (1)119番の通ほうは，通しん指《し》れい室につながります。

2 消《しょう》ぼうしょには，火事《かじ》にそなえて交代《こうたい》せいで24時間きんむしている人がいます。そのため，消ぼうしょにはかみんをとるための部屋《へや》があります。

3

ここに注意！ 消火せんは，消ぼう車をつないで火を消《け》すために使《つか》われます。ビルなどのなかには，消火きが多くせっちされています。

4 消ぼうだんの人たちは，ふだんはべつの仕事《しごと》を持《も》っていて，火事などのさいがいのときにげん場《ば》にかけつけ，消ぼうしょの人たちときょう力して消火にあたります。

64〜65ページ

## 8 安全なくらし ②

1 (1)**ア** (2)**エ**
2 (1)**ア**
(2)**A**…きゅう急《きゅう》車 **B**…パトロールカー
(3)②→④→①→③
3 (1)**イ** (2)**ア** (3)**ウ** (4)**エ**
4 (1)車両《しゃりょう》どうし (2)1428（人）
(3)65才以上《いじょう》

考え方

1 交通事《じ》こをふせぐせつびには，ほかにしん号《ごう》きなどがあります。

2 (3)110番の通ほうを受《う》けた通しん指《し》れい室は，パトロールカーに知らせたり，消ぼうしょにれんらくしたりします。げん場では，まず，けが人のきゅう助《じょ》が行われます。そのあとに，事こ車のいどうや原いんの調《ちょう》さが行われます。

4 グラフなどのしりょうを使《つか》った問題《もんだい》は，数《すう》ちに注目《ちゅうもく》すると，とくちょうを読み取《と》ることができます。

66〜67ページ

## 9 市のようすのうつりかわり

1 (1)①○ ②× (2)①**オ** ②**エ** ③**ク**
2 (1)①**ウ** ②**ク** ③**イ** (2)**ウ** (3)**イ**

考え方

1 (2)人口がふえると，小・中学校のほか，お店や病院などの公共《こうきょう》しせつがふえるなど，市のようすがうつりかわっていきます。

2 (2)**ウ**は老人《ろうじん》ホームの地図記号《きごう》です。なお，**ア**は風車，**イ**ははく物館《ぶつかん》，**エ**は発電所《はつでんしょ》・変電所《へんでんしょ》の地図記号です。
(3)市が，市の人たちから集《あつ》めるお金をぜい金といいます。ぜい金は，市の多くの人が利用《りよう》できるしせつをたてるためなどに使《つか》われます。

68〜69ページ

## 10 昔のくらし，今のくらし

1 (1)①**エ** ②**イ** ③**ア** ④**ウ**
(2)①**イ** ②**エ** ③**ウ** ④**ア** (3)**イ**
2 (1)井戸《いど》 (2)**ア**
3 (1)× (2)× (3)○

考え方

1 今日では，①はせんたくき，②は電とう（けい光とう），③はすいはんき，④はストーブにかわっています。

2 (2)じゃぐちをひねって水が出るのは，今の生活のように水道がせいびされてからです。昔《むかし》は水をくむのもたいへんな仕事《しごと》でした。

3 (1)テレビ放送《ほうそう》が始《はじ》まったのは，1950年代《ねんだい》です。
(2)ラジオ放送は1920年代に始まりました。
(3)パソコンやけいたい電話は，テレビ放送が始まったあとの1990年代に広まりました。

70〜72ページ

## 11 仕上げテスト

1 (1)**エ** (2)**イ** (3)**ウ** (4)**ア**
2 **エ**
3 ①**ウ** ②**イ** ③**エ**
4 **ウ**
5 (1)運転手《うんてんしゅ》 (2)**イ** (3)**ウ**
6 (1)**ア** (2)**エ** (3)**ウ**

考え方

2 海ぞいの土地は，うめ立てたり，整《ととの》えたりして，工場をたてやすいようにしてあります。

3 通《つう》しん指《し》れい室から，消《しょう》ぼうしょにきゅう急《きゅう》車《しゃ》を事《じ》こげん場へ急行《きゅうこう》させるようれんらくをします。

4 消ぼうしょでは，いつでも出動《しゅつどう》できるよう交《こう》代《たい》できんむしています。

5 表《ひょう》から，夜中にはたらいている人はいないことがわかります。

# 理科

74～75ページ

## 1 植物のつくりと育ち方

1 (1)**ア** (2)水をやる。 (3)子葉《しよう》
2 (1)**A**葉《は》 **B**くき **C**根《ね》 (2)ある
3 (1)実《み》 (2)**ア** (3)かれる
4 **(ア→)ウ→イ→カ→オ→エ**

### 考え方

1 (2)たねをまいたあとは，土がかわきすぎないように，水をやります。

**ここに注意！** 水をやりすぎるとたねがくさったりすることがあるので，かわかないていどにします。

2

**ここに注意！** 植物《しょくぶつ》のからだはどれも，葉，くき，根からできています。ただし，植物のしゅるいによってそれぞれ形がちがいます。

3 花がさいたあとには実ができます。実の形や，実の中にできるたねの形は，植物のしゅるいによってちがいます。**イ**はヒマワリのたね，**ウ**はマリーゴールドのたねです。

4 ホウセンカなどのたねをまくと，子葉が出たあとに葉が出て大きくなり，つぼみができて花がさき，そのあとに実ができます。そして，実をのこしてかれてしまいます。

76～77ページ

## 2 こん虫を調べよう

1 (1)**A ア** **B ウ** **C エ** **D イ**
(2)**D→C→B→A** (3)たまごのから
(4)**イ** (5)**B** (6)葉《は》
2 (1)①頭 ②むね ③はら
④頭 ⑤むね ⑥はら
(2)**A**しょっ角 **B**目
(3)部分《ぶぶん》…② あし…6(本) (4)**イ**
3 ①しゅるい ②食べ物《もの》 ③すみか

### 考え方

1 (1)～(5)たまごからかえったよう虫は，はじめにたまごのからを食べます。そのあとは，キャベツやアブラナの葉をたくさん食べ，皮《かわ》をぬいで大きくなります。そして，さなぎになると，何も食べなくなります。せい虫になると，花のみつをすいます。
(6)手に持《も》てるものをかんさつするときは，目の近くに虫めがねを持ち，見たいもの(葉)を動《うご》かしてはっきり見えるところでとめます。

2 チョウやバッタのように，からだが頭・むね・はらの３つの部分に分かれていて，むねに６本のあしがついているものをこん虫といいます。頭にはしょっ角と目がついていて，まわりのようすを感《かん》じとっています。

**ここに注意！** こん虫には，チョウのように，たまご→よう虫→さなぎ→せい虫と育《そだ》つものと，バッタやトンボのようにさなぎのときがなく，たまご→よう虫→せい虫と育つものがいます。

3 生き物はしゅるいによって，色，形，大きさなどのすがたがちがいます。花のみつをすうチョウが花のそばで見られたり，草を食べるバッタが草むらをすみかにしたりしているように，動物《どうぶつ》は植物《しょくぶつ》などとかかわって生きています。

78～79ページ

## 3 日なたと日かげ

1 (1)**イ** (2)**A**
(3)しゃ光板《ばん》(しゃ光プレート)
2 (1)**イ** (2)①**C** ②**B** ③**A** (3)**R**
3 (1)日なた (2)日かげ (3)日かげ
4 (1)**エ** (2)**B** (3)**ア**

### 考え方

1 日光がものにあたってさえぎられると，太陽《たいよう》の反対《はんたい》がわにかげができます。

**ここに注意！** 太陽を直せつ見ると目をいためてしまうので，かならずしゃ光板(しゃ光プレート)を使《つか》いましょう。

2 (1)，(2)太陽は東から南の空を通って西へと動《うご》きます。太陽が動くにつれて，かげは太陽の動きと反対の向《む》き(西→北→東)に動きます。

(3)方いじしんのはりの色のついたほうは北をさしてとまります。

3 日なたの地面《じめん》は日光があたるので明るく，あたたかくなります。日かげの地面は暗《くら》くてつめたく，しめった感《かん》じがします。

4 (1)，(2)日なたの地面の温度《おんど》をはかるときは，土を少しほって温度計のえきだめを入れ，土をかぶせます。温度計に日光があたると温度が上がってしまうので，日光があたらないようにおおいをします。温度計の目もりは，温度計と直角になるようにして読みます。
(3)日なたの地面は日光であたためられるので，日かげより温度が高く，温度の上がり方が大きくなります。

80～81ページ

## 4 光と音について調べよう

1 (1)日かげ　(2)**ア**
2 (1)**イ**　(2)**D**
3 (1)**C**　(2)**C**　(3)**イ**
4 (1)**ア**　(2)音が出なくなる。
(3)ふるえている。

考え方

1 日光も，かがみではね返《かえ》した日光も，まっすぐに進《すす》みます。

2 かべにあたった光はかがみと同じ形になります。かがみを動《うご》かすと，光も同じ向《む》きに動きます。

3 光をたくさん重《かさ》ねたところほど明るく，温度《おんど》も高くなります。**A**と**D**は同じ明るさ(かがみ1まい分)で，あたたかさも同じと考えられます。

4 ものから音が出ているとき，ものはふるえています。ふるえが大きいほど音が大きくなり，ふるえをとめると音が出なくなります。

82～83ページ

## 5 ものの重さをくらべよう

1 (1)重《おも》い…**B**　軽《かる》い…**A**
(2)大きい…**A**　小さい…**B**
2 (1)①80(g)　②80(g)　③80(g)
(2)かわらない
3 (1)**イ**　(2)ちがう
4 (1)○　(2)右　(3)○　(4)左

考え方

1 ものには，大きくて重いものだけでなく，小さくて重いものもあります。

2 ねんどを小さく分けても，全部《ぜんぶ》あつめた重さはかわりません。また，形をかえても重さはかわりません。

3 体せきが同じでも，しゅるいによって重さがちがいます。同じ体せきの場合，重いじゅんに，鉄《てつ》→ゴム→木となります。

4 (1)おき方をかえても，ものの重さはかわらないのでつりあいます。
(2)同じ体せきでは，ゴムよりも鉄のほうが重いので，右にかたむきます。
(3)左と右でゴムの体せきと鉄の体せきが同じなのでつりあいます。
(4)(3)の左に鉄を1こ，右にゴムを1こくわえたので，左のほうが重くなります。

84～85ページ

## 6 明かりをつけよう ①

1 (1)①豆電球《まめでんきゅう》　②かん電池　③どう線
④ソケット
(2)**A**＋《プラス》きょく　**B**ー《マイナス》きょく
2 (1)**ウ**　(2)①＋きょく　②わ
3 **A**→**D**→**B**→**C**
4 (1)**イ**　(2)①×　②○　③×　④○

考え方

1 かん電池の出っぱっているほうが＋きょく，平《たい》らなほうがーきょくです。

2 豆電球を入れたソケットのどう線をかん電池の＋きょくとーきょくにつなぐと，電気の通り道が「わ」になってつながり，明かりがつきます。

ここに注意！ 電気の通り道のことを回路《かいろ》といいます。回路が切れていると，明かりはつきません。

3 どう線2本をねじりあわせた上からビニルテープをまくと，つなぎめがはずれにくくなります。

**4** (1)フィラメントの先についている2本の線は，豆電球の横《よこ》と，下にそれぞれつながっています。
(2)豆電球の下の出っぱりの部《ぶ》分《ぶん》とねじの部分がそれぞれかん電池の＋きょくと−きょくにつながっていれば，明かりはつきます。

86~87ページ

## 7 明かりをつけよう ②

**1** (1)①○　②×　③○　④○　⑤×
⑥×　⑦○　⑧×
(2)金ぞく
**2** (1)**ウ**　(2)通さない　(3)通す
**3** (1)スイッチ　(2)**ウ**

考え方

**1** 鉄《てつ》(はさみ，くぎ，クリップ)や銅《どう》(10円玉)などの金ぞくは電気をよく通すので，電気の通り道がつながり，明かりがつきます。
**2** 電気を通すものでも，電気を通さないものにおおわれていると，その部《ぶ》分《ぶん》は電気を通しません。
**3** **A**に電気を通すもの，**B**に電気を通さないものを使《つか》うと，**A**をとじたときだけ電気が通るスイッチができます。

88~89ページ

## 8 風やゴムのはたらき

**1** (1)ものを動《うご》かすはたらき　(2)弱い風
(3)強い風
**2** (1)**A**　(2)動かない　(3)**ア**
**3** (1)もとにもどろうとするせいしつ
(2)大きくなる
**4** (1)ものを動かすはたらき　(2)長いとき
(3)短《みじか》いとき

考え方

**1** 風にはものを動かすはたらきがあり，風が強いほど車ははやく，遠くまで動きます。
**2** (3)風《ふう》力《りょく》発《はつ》電《でん》では，風のはたらきで風車を回し，電気をおこしています。
**3** わゴムの本数を多くすると，わゴムがもとにもどろうとする力が大きくなり，手ごたえが大きくなります。
**4** ゴムにはものを動かすはたらきがあり，引っぱる長さが長いほど，車ははやく，遠くまで動きます。

90~91ページ

## 9 じしゃくにつけよう ①

**1** (1)**B，F，G**　(2)**B，G，H**　(3)鉄《てつ》
**2** (1)落《お》ちない　(2)落ちない
**3** (1)**A** N《エヌ》きょく　**B** S《エス》きょく
(2)**C→D→E**　(3)**C**
**4** (1)①×　②×　③○　④○
(2)Sきょく

考え方

**1** じしゃくにつくものは鉄でできたものです。また，色などがぬってあってもじしゃくの力ははたらきます。
**2** じしゃくの力は，少しはなしたり，間にじしゃくにつかないものを入れてもはたらきます。
**3** じしゃくの力がいちばん強い部《ぶ》分《ぶん》をきょくといいます。1つのじしゃくでは，NきょくとSきょくのくぎを引きつける力は同じです。
**4** じしゃくの同じきょくどうしはしりぞけあい，ちがうきょくどうしは引きあうので，Nきょくと引きあう**A**の部分はSきょくです。

92~93ページ

## 10 じしゃくにつけよう ②

**1** (1)**イ**　(2)**ウ**
**2** (1)○　(2)×　(3)×　(4)○　(5)×
**3** (1)**B**落《お》ちない　**C**落ちない
(2)くぎに引きつけられる。　(3)N《エヌ》きょく
**4** (1)北　(2)じしゃく

考え方

**1** 自《じ》由《ゆう》に動《うご》くようにしたじしゃくは，どれでもNきょくが北を，S《エス》きょくが南をさしてとまります。
**2** 方いじしんにじしゃくのSきょくを近づけると，Nきょくが引きつけられてとまります。また，1つのじしゃくにはかならずNきょくとSきょくがあり，じしゃくの力の強さは同じです。

**3** じしゃくについたくぎは，じしゃくになります。**A**〜**C**のくぎはどれも先のとがった部分《ぶぶん》がNきょく，頭の部分がSきょくになっています。

**4** 方いじしんのはりはじしゃくになっています。はりの色のついたほうはNきょくで，北をさしてとまります。色のついていないほうはSきょくで，南をさしてとまります。

94〜96ページ

## 11 仕上げテスト

**1** (1)(**ア**→)**エ**→**カ**→**ウ**→**オ**→**イ**
(2)子葉《しよう》　(3)にていない

**2** ①よう虫，2　②せい虫，4
③さなぎ，3　④たまご，1

**3** (1)○　(2)×　(3)×

**4** (1)**ウ**　(2)**C**　(3)温度《おんど》が高くなったから。

**5** (1)**ウ**　(2)ちがう

**6** (1)**B**　(2)**イ**　(3)**D**

**7** (1)①×　②×　③○　④△　⑤○　⑥×
(2)**D**　(3)①ちがう　②同じ

考え方

**1** 植物《しょくぶつ》のたねは，しゅるいによって形や色がちがいます。

**3** こん虫のからだは頭・むね・はらに分かれ，むねに6本のあしがついています。植物はどれも根《ね》・くき・葉《は》からできていて，葉や花，根，くき，たねなどの形はしゅるいによってちがいます。

**4** 日光は虫めがねを通ると集《あつ》まります。光が集まるところが小さくなるほど，その部分《ぶぶん》の温度が高くなります。

**5** (1)おき方をかえても，ものの重《おも》さはかわりません。
(2)もののしゅるいがちがうと，同じ体せきでも重さがちがいます。

**6** (3)かべのかげの向《む》きから，太陽《たいよう》は**D**のほうにあることがわかります。

**7** (1)電気を通すものは金ぞくでできています。そのうち，じしゃくにつくものは鉄《てつ》でできたものです。1円玉はアルミニウムでできています。

# 国語

127〜126ページ

## 1 漢字の読み

**1** (1)どうぶつえん　(2)じゅうしょ
(3)せかい　(4)ひつじ　(5)かな　(6)くば

**2** (1)①そうだん　②あいて
(2)①やね　②おくじょう　(3)①き　②つ

**3** (1)**イ**　(2)**ア**　(3)**ア**　(4)**イ**　(5)**ア**

**4** (1)**エ**　(2)**ウ**　(3)**イ**　(4)**エ**　(5)**ア**　(6)**ウ**

考え方

**1** (1)「どおぶつえん」などと書きまちがえないように注意《ちゅうい》しましょう。

ここに注意！ 漢字《かんじ》には，中国からつたわった音をもとにした読み方(音読《おんよ》み)と，日本にもともとあった言葉《ことば》を漢字にあてはめた読み方(訓読《くんよ》み)の二しゅるいがあります。じゅく語の中の漢字は音で読むことが多く，訓読みには送《おく》りがながひつようなものが多いことをおぼえておきましょう。

125〜124ページ

## 2 漢字の書き

**1** (1)暗記　(2)運転　(3)体温　(4)部屋
(5)起

**2** (1)向かう　(2)化ける　(3)深い　(4)整える
(5)投げる　(6)短い

**3** (1)①坂　②板　(2)①氷　②水
(3)①地　②池　(4)①刀　②力

**4** (1)①返　②帰　(2)①早　②速
(3)①教科　②強化

考え方

**2** 訓読《くんよ》みをおぼえるときは，送《おく》りがなもしっかりとおぼえることが大切です。(1)を「向う」，(4)を「整る」とまちがえやすいので注《ちゅう》意《い》しましょう。

**3** 形のよくにた漢字《かんじ》は，読み方も同じ場合があります。どこがちがうか，細かいところまでよく見て書き分けましょう。また，漢字の意《い》味《み》を考えて書き分けることも大切です。

**4** 読み方の同じ漢字の使《つか》い分けは，一つ一つの漢字の意味に注意してはんだんしなければなりません。⑶の①は教わる科目のことなので「教科」となり，②は体力を強くすることなので「強化」となります。

123〜122ページ

## 3 漢字の組み立て（部首）

1 ⑴（氵）〔**ア**〕 ⑵（亻）〔**オ**〕 ⑶（扌）〔**エ**〕
⑷（木）〔**ウ**〕 ⑸（力）〔**イ**〕

2 練・線・絵・終・細（じゅん番はちがってもよい）

3 ⑴①鉄 ②銀 ⑵①草 ②荷
⑶①神 ②福 ⑷①汽 ②温
⑸①歌 ②次

4 ⑴（さんづくり）〔**イ**〕 ⑵（ごんべん）〔**エ**〕
⑶（りっとう）〔**カ**〕 ⑷（おおがい）〔**オ**〕
⑸（つきへん）〔**ア**〕 ⑹（ゆみへん）〔**ウ**〕

考え方

同じ部分《ぶぶん》が左につくときは「へん」，右につくときは「つくり」といいます。「へん」や「つくり」などを「部首《ぶしゅ》」といいます。

121〜120ページ

## 4 言葉の意味と使い方

1 ⑴**ア・カ・ク** ⑵**イ・オ**
⑶**ウ・エ・キ・ケ**

2 ⑴**カ** ⑵**ウ** ⑶**オ** ⑷**イ** ⑸**ア**

3 ⑴**ア** ⑵**イ** ⑶**イ**

4 ⑴**オ** ⑵**ア** ⑶**カ** ⑷**ク** ⑸**キ** ⑹**ケ**
⑺**エ** ⑻**イ** ⑼**ウ** ⑽**コ**

考え方

1 ⑵の「走る」「登《のぼ》る」などの動《うご》きを表す言葉《ことば》は五十音の「ウだんの音」で終《お》わり，⑶の「青い」「広い」「親切だ」などの様子《ようす》を表す言葉は「——い」「——だ」という形になります。

2 それぞれ，⑴は「……のような」，⑵は「……だろう」，⑶は「……ない」，⑷は「……たら」，⑸は「……ても」という言葉に対《たい》おうする言葉です。

ここに注意！ 決《き》まった言い方をする言葉には，つぎのようなものがあります。

①打《う》ち消《け》し・きんし
**（れい）**「決《けっ》して……ない」
②たとえ
**（れい）**「まるで……ようだ」
③ねがい
**（れい）**「どうか……ください」
④かてい
**（れい）**「もし……したら」
⑤ぎもん
**（れい）**「なぜ……か」
⑥おしはかる
**（れい）**「たぶん……だろう」

3 言葉の意味《いみ》がわからない場合《ばあい》は，前後の文からはんだんしましょう。

4 反対《はんたい》の意味の言葉や，同じ意味の言葉をセットにしておぼえておくと，表《ひょう》げん力が身《み》につきます。

119〜118ページ

## 5 こそあど言葉

1 ⑴①**ウ** ②**イ** ③**ア**
⑵①**イ** ②**ウ** ③**ア**
⑶①**ア** ②**イ** ③**ウ**

2 ⑴**ア** ⑵**イ** ⑶**ア** ⑷**イ** ⑸**ア**

3 ⑴**ウ** ⑵**ア** ⑶**イ**

考え方

1 つぎにつづく言葉《ことば》に注意《ちゅうい》してえらびましょう。

ここに注意！ **こそあど言葉の使《つか》い方**はつぎの通りです。

①「こ」から始《はじ》まる言葉……話し手に近い場《ば》合《あい》に使う。
②「そ」から始まる言葉……話の中にすでに出てきた場合，または，聞き手に近い場合に使う。
③「あ」から始まる言葉……話し手・聞き手のどちらからも遠い場合に使う。
④「ど」から始まる言葉……指《さ》ししめすものがはっきりとわからない場合に使う。
また，**こそあど言葉のしゅるい**はつぎの通

りです。
①ものやことがらを指す……これ・それ・あれ・どれ・この・その・あの・どの
②場所《ばしょ》を指す……ここ・そこ・あそこ・どこ
③方角を指す……こちら・そちら・あちら・どちら
④様子《ようす》や方法《ほうほう》を指す……こんな・そんな・あんな・どんな

**2** (3)は「山田君《やまだくん》」(聞き手)のいる方の天気を聞いているので，「そちら」になります。(4)は，「筆箱《ふでばこ》」がたくさんあって「君《きみ》」のものがはっきりとわからないときには「どれが」を使いますが，この場合は一つの筆箱を取《と》り上げて，「……は」と言っているので「これ」を使います。

**3** こそあど言葉は，前後の言葉や部分《ぶぶん》を受《う》けて，言いかえる言葉です。だから，あてはまる言葉をさがす場合は，前後からさがすようにしましょう。また，見つけた言葉をこそあど言葉とおきかえても，文の意味《いみ》がかわらないかどうか，たしかめるくせをつけましょう。

117～116ページ

## 6 国語辞典の使い方

**1** (1)はぐれる　(2)ただよう　(3)つたえる
(4)さけぶ　(5)ちらかす

**2** (1)(右からじゅんに)2・1・3
(2)3・2・1　(3)2・1・3

**3** (1)①**ア**　②**カ**　③**ウ**　④**オ**　⑤**イ**　⑥**エ**
(2)①**ウ**　②**イ**　③**ア**　④**エ**
(3)①**ア**　②**オ**　③**エ**　④**ウ**　⑤**イ**

考え方

**1** 言い切りの形に直してみましょう。

**2** 頭の文字からじゅんに，五十音のならびをかくにんしましょう。(1)の「くちぶえ」「くだもの」「くつした」は，「だ」→「ち」→「つ」のじゅんになります。

**ここに注意！** 国語辞典《じてん》の言葉《ことば》のならび方は次《つぎ》の通りです。
①五十音じゅんにならべてある。
②せい音(「は・ひ・ふ・へ・ほ」などのにごらない音)→だく音(「ば・び・ぶ・べ・ぼ」などのにごる音)→半だく音(「ぱ・ぴ・ぷ・ぺ・ぽ」などのはねる音)のじゅんにならべてある。
③一字目が同じなら，二字目，三字目……のじゅんに五十音でならべてある。
**(れい)**「あさがお」→「あさつゆ」のじゅん
④小さく書く「ゃ・ゅ・ょ・っ」などは，ふつうの大きさの文字の次にならべてある。
**(れい)**「きつつき」→「きって」
⑤外来語ののばす音(長音)「アー」「イー」などは，「ああ」「いい」などのあとにある。
**(れい)**「すうじ」→「スープ」

**3** たくさんの意味《いみ》をもつ言葉を使《つか》い分けるには，文の中でどのような意味で使われているのかに注意《ちゅうい》して考えましょう。

115～114ページ

## 7 文の組み立て

**1** (1)(**イ**)〔**エ**〕　(2)(**ア**)〔**エ**〕
(3)(**イ**)〔**エ**〕　(4)(**エ**)〔**イ**〕
(5)(**ウ**)〔**エ**〕

**2** (1)**ウ**　(2)**イ**　(3)**ア**　(4)**ア**　(5)**イ**

**3** (1)**エ**　(2)**イ**　(3)**イ**　(4)**イ**　(5)**エ**
(6)**エ**　(7)**オ**

**4** (1)①子どもの　②水族館に
(2)①空を　②赤く

考え方

**1** 主語《しゅご》は「何が」「だれが」にあたるもの，述《じゅつ》語《ご》は「どうする」「どんなだ」「何だ」にあたるものです。述語は，たいてい文の終《お》わりにあるので，まず，述語を見つけてから，主語を見つけましょう。ただし，(4)のように，ふつうとはじゅん番が反対《はんたい》になっているものは，先にふつうのじゅん番にもどして考えるようにしましょう。

**2** **ア**の「何が(は)――どうする」は，述語が動《どう》作《さ》を表《あらわ》している文です。**イ**の「何が(は)――どんなだ」は，述語が，ものの様子《ようす》やせいしつを表している文です。**ウ**の「何が(は)――

何だ」は，述語がものの名前を表す文になっています。文のしゅるいは述語で見分けましょう。

3 くわしく説明《せつめい》される言葉《ことば》は，くわしくする言葉(修飾語《しゅうしょくご》)の下にもってきても意味《いみ》がおかしくならないものをえらびましょう。

4 くわしく説明する言葉をあてはめることに気づきましょう。また，どの言葉がどの言葉をくわしくしているかにも注意《ちゅうい》しましょう。

113〜112ページ

## 8 ローマ字

1 (1)おとうさん　(2)いもうと
(3)きんようび　(4)やきゅう
(5)きって　(6)はっぴょうかい
(7)とうきょうと　(8)あまがっぱ

2 (1)**ア**　(2)**イ**　(3)**ア**　(4)**イ**　(5)**ア**

3 (1)ozîsan(ojîsan)
(2)tosyokan(toshokan)　(3)tegami
(4)ningyô　(5)sekken　(6)kyôryû
(7)syuppatu(shuppatsu)　(8)pan'ya

4 (1)shi　(2)cha　(3)Fuji

5 (1)神戸　(2)新宿　(3)日光　(4)九州
(5)中国

6 (1)Matumoto-Takasi
(Matsumoto-Takashi)
(2)Kanda-Yosiko(Yoshiko)
(3)Sapporo-si(shi)　(4)Supein

### 考え方

1 (3)では「n」のあとの「'」をつけないと，「きにょうび」になってしまいます。(7)の地名や人名はさいしょの文字を大文字で書きます。

**ここに注意！　ローマ字のつづり**

①のばす音は，その字の母音《ぼいん》の上に「^」をつける。
(**れい**)okâsan(お母さん)
②つまる音は，そのつぎの音のはじめの字を二字つづける。
(**れい**)Nippon(日本)
③はねる音(ン)は「n」で表《あらわ》す。しかし，「n」のつぎに母音や「y」がくるときには「'」をつける。
(**れい**)hon'ya(本屋)
④人名・地名や文の一字目は，大文字で書く。
(**れい**)Ezison(エジソン)
⑤二つの言葉からできた言葉の間には「-」(つなぎ)を入れる。
(**れい**)Kyôto-hu(京都府《きょうとふ》)

2 (4)・(5)はのばす音，つまる音の両方《りょうほう》に気をつけましょう。

3 (5)・(7)はつまる音の書き方に注意しましょう。(8)は「'」をわすれないようにしましょう。

6 人名や地名のさいしょの文字は大文字で書きましょう。

111〜110ページ

## 9 物語を読む ①

1 (1)①(**れい**)ほねつきの，かなり大きな肉。　②二つに引きちぎり・子犬の前
(2)**A ウ**　**B ア**　(3)**イ**　(4)**ア**
(5)(**れい**)やさしいところ

### 考え方

1 (1)①「それは」のあとに，くわしく書かれています。
②「まず」「そして」という言葉《ことば》に着目《ちゃくもく》しましょう。
(2)**A**は，子犬の前に馬肉を投《な》げた様子《ようす》を表《あらわ》す音を，**B**は，ライオンがほねをかみくだくときの音を，それぞれえらびましょう。
(3)ライオンは，自分の子どもにするように，子犬に馬肉をあたえ，子犬も「しっぽをふりながら」その肉を食べています。
(4)「ライオンの，ものすごいところ」を見せようと思ったのに，あてがはずれたから「あっけにとられ」たのです。
(5)「見物人《けんぶつにん》」は，ライオンが子犬をおそわずに，馬肉をあたえて，その様子を見守《みまも》っていることに，感動《かんどう》したのです。

109〜108ページ

## 10 物語を読む ②

1 (1)戦争ごっこ　(2)**イ**　(3)**ウ**　(4)**ア**
(5)**ウ**　(6)イサム君

考え方

1 (1)男の子たちが「森」にいる理由《りゆう》は，七〜八行目に書かれています。

(2)セミが体中の力をふりしぼって鳴いている様子《ようす》にふさわしい言葉《ことば》をえらびましょう。

(3)「そこにはわたし一人しかいなかった」「森のなかにも人のすがたはなかった」とあります。

(4)森のなかに取《と》りのこされた「わたし」の気《き》持《も》ちとしてふさわしいものをえらびましょう。「ポケットの砂《すな》を」「小山の斜面《しゃめん》に向《む》かってたたきつけた」からも「わたし」の気持ちがわかります。

(5)今のみじめな様子にくらべ，人形で遊ぶほうが「ずっと楽だった」と「わたし」は考えているのです。だから「母親にしかられること」はあてはまりません。

(6)はじめの部分《ぶぶん》に，「ほかの子じゃいやだけどイサム君《くん》に砂をぶつけられたら、きっとうれしいにちがいない」とあることに気づきましょう。

**ここに注意！** 登場人物《とうじょうじんぶつ》の気持ちは，「きっとうれしいにちがいない」のようにはっきりと書かれている場合と，「ポケットの砂を……斜面に向かってたたきつけた」「口をへの字に曲《ま》げていた」のように，読者に想《そう》ぞうさせる場合とがあります。登場人物の立場に立って，正しく読みとりましょう。

107〜106ページ

## 11 説明文を読む

1 (1)たん水・目玉

(2)輪のもよう (3)**イ** (4)**ウ**

(5)メガネザル(のなかま)

考え方

1 (1)「バイカルアザラシ」は，名前のとおり「バイカル湖《こ》やまわりの川などのたん水でくらす」アザラシです。

(2)——線②のある段落《だんらく》に着目《ちゃくもく》しましょう。この段落では，「ワモンアザラシ」と「バイカルアザラシ」は「同じそせんから分かれた」という一方で，「バイカルアザラシの体には輪《わ》のもようはない」と説明《せつめい》しています。

(3)つなぎ言葉《ことば》は，前とあとの文がどのようなかん係《けい》になっているのかを考えてえらぶようにしましょう。**A**は，前の内ように説明やじょうけんをつけくわえる言葉です。**B**は，前の文とあとの文をふつうにつなぐ言葉です。**C**は，前の文から話題《わだい》をかえてあとの文をつなぐ言葉です。

(4)第２段落に「バイカルアザラシ」が海ではなく，バイカル湖《こ》のあたりだけでくらしている理由《りゆう》が書かれています。

(5)直前の一文にバイカルアザラシと同じく「大きな目玉のもち主《ぬし》」として知られている動物《どうぶつ》が書かれています。

**ここに注意！** **説明文の読み方**

①文章《ぶんしょう》の組み立ての多くはつぎのようになっている。

・まえがき……これから説明しようとすることがらについて，読者《どくしゃ》に知らせようとする部分《ぶぶん》。

・本文……事実《じじつ》やれい，筆者《ひっしゃ》の考えや意見《いけん》を書くとともに，ことがらについてくわしく説明した部分。

・あとがき……ことがらについてまとめたり，筆者の意見や感想《かんそう》がまとめて書かれたりしている部分。

②「まえがき」や何度《なんど》もくり返《かえ》される「中心になる言葉」に注意《ちゅうい》して，「何」についてどのようなことが説明されているかをとらえる。

③事実やれいと，筆者の意見や感想を区別《くべつ》する。

④まとまりごとの大切なことがらをまとめたり，「あとがき」の内ようをもとにしたりして，文章全体《ぜんたい》の「要点《ようてん》(＝大切な部分)」をとらえる。

105〜104ページ

## 12 記ろく文を読む

1 (1)ウォークマン

(2)**イ** (3)外・歩き

(4)わかものたちに大流行《だいりゅうこう》した

(5)イアフォン(ウォークマン)・頭・

勉強《べんきょう》しにくい頭

考え方

1 (1)本文で何度《なんど》もくり返《かえ》し出てくる言葉《ことば》に注意《ちゅうい》します。
(2)――線①に「しょうげき」とあります。そして，七行あとに，「すぐに(ウォークマンを)買ってしまった」とあります。このことから，筆者《ひっしゃ》の気持《きも》ちを考えます。
(3)――線②のあとで，「画期的《かっきてき》」な点についてくわしく説明《せつめい》しています。
(4)――線③の直前に「これは，わかものたちに大流行した」とあります。ここから，大じけんとは，「これ（＝ウォークマン）がわかものたちに大流行したこと」だとわかります。
(5)――線④のあとに，筆者がどのようにウォークマンを使《つか》っていたか，そして，どのように感《かん》じていたかが書かれています。筆者の考えを読みとりましょう。

103～102ページ

## 13 詩を読む

1 (1)**(れい)**すねてなけりゃいけない(かあさんに言われたこと)
(2)**(れい)**だって、かあさんは「ばんまでそうしておいで」っていったのよ。(だって、「ばんまでそうしておいで」ってかあさんはいったのよ。)
(3)**ア** (4)①**ウ** ②**(れい)**すねている・とんで出ちゃった
(5)**イ** (6)**イ(カ)・カ(イ)・オ**

考え方

1 (1)「わたし」は「かあさん」に「ばんまでそうしておいで(＝すねておいで)」と言われていたことを思い出したのです。
(3)「わたし」は，「みんな」がよびに来てくれたときには，「かあさん」に言われたことをわすれ，うれしさからすなおに家に帰ろうとしたのです。
このときの「わたし」の気持ちにふさわしいものをえらびましょう。
(4)②「だのに」のあとに，「わたし」が「きまりが悪《わる》い」と思った理由《りゆう》がのべられています。
(5)「きっと」「わたし」をしかった人(＝「かあさん」)も，「わたし」の「きげんのいいほうが」「すきだから」といっているのです。
(6)この詩《し》は，七音《おん》(八音)と五音をくり返《かえ》し，わたしたちがふだん使《つか》っている言葉《ことば》で書かれています。

101～100ページ

## 14 作　文

1 (1)田中あつし(ぼく)・おじいちゃん
(2)**ウ** (3)②(**(れい)**乗れませんでした)
(4)①**(れい)**おじいちゃんに教わっていたので、体育の時間に自分だけ竹馬に乗れた。
②**(れい)**先生といっしょに，みんなに竹馬に乗るコツを教えた。
③㋐六月三日 ㋑田中あつし
㋒おじいちゃん

2 (1)五(月)一(日)
(2)土を持ち上げて(出た)
(3)**(れい)**黒い皮をかぶった二まいの葉っぱが手を合わせたようにくっついている。

考え方

1 (1)はじめのあいさつで，だれに出した手紙なのかがわかります。
(2)体育《たいいく》の時間に，竹馬に乗《の》ったことを中心に書いています。
(3)――線②だけ「乗れなかった」と，ふつうの言い方で書いているので，ていねいな言い方に直しましょう。
(4)③㋐は手紙を書いた日づけ，㋑は，手紙を書いた人の名前，㋒は，手紙を送《おく》る相手《あいて》の名前を書きます。

ここに注意！ **手紙文の書き方**

(1)手紙のしゅるい
①用事《ようじ》をつたえるもの……さそう手紙・問《と》い合わせの手紙など
②気持《き》《も》ちをつたえるもの……おれいの手紙・おみまいの手紙など

(2)手紙の書き方

①**前文**……はじめのあいさつ

②**本文**……手紙の中心になる部分《ぶぶん》で，ここに用けんを書きます。

③**末文《まつぶん》**……終《お》わりのあいさつ

④**あとづけ**……日づけ，自分の名前，相手の名前を書きます。このとき，相手の名前に「様《さま》」などをつけるようにしましょう。

(3)手紙を書くときの注意《ちゅうい》

・相手に対《たい》して(とくに目上の人に対して)，ていねいな言葉《ことば》づかいで書きましょう。

・文字は，読みやすいように，ていねいに正しい字を書きましょう。

・内ようは，わかりやすく，はっきりと書きましょう。

**2** (1)「五月十日」と「種《たね》を植《う》えて十日目」という言葉に着目《ちゃくもく》しましょう。

(2)・(3)「ヘチマの芽《め》」のくわしい様子《ようす》は，三行目から五行目までに書かれています。

99~97ページ

## 15 仕上げテスト

**1** (1)のうそん (2)しゅうごう (3)ぎし

**2** (1)薬局 (2)荷台

**3** (1)スリッパ (2)公園

**4** (1)**(ア)〔オ〕** (2)**(イ)〔オ〕**
(3)**(オ)〔イ〕**

**5** (1)㋐み ㋑来 ㋒細 ㋓きゅうこん
(2)オ (3)おしべがつくった
(4)長さ七ミリ～小さなたね
(5)マッチの頭くらい
(6)**Aイ Bア** (7)五年・花

考え方

**5** (2)「だんだん」のあとにつづけても，おかしくならない言葉《ことば》をえらびましょう。

(3)こそあど言葉は，おもに前の部分《ぶぶん》を指《さ》していることが多いので，前の部分からさがしましょう。また，——線①「この」の代《か》わりにあてはめてもおかしくないようにぬき出しましょう。

(4)——線②の直後《ちょくご》の「それ」は，「たくさんのたね」を指しています。そのあとでたねのとくちょうが，くわしく書かれています。

(5)どれぐらいの大きさかを読者《どくしゃ》にわかりやすく伝えるために，たとえを使《つか》って書かれていることに着目《ちゃくもく》しましょう。

(6)つなぎ言葉をあてはめる問題では，前後の文の内ようが正しくつながるものをえらびましょう。

**A**は，前の文とは反対《はんたい》の内ようを受《う》ける言葉が入ります。

**B**は，前の文の理由《りゆう》を受けて，あとの文でけっかをみちびく言葉が入ります。

(7)——線④の直前の一文に，チューリップを球根《きゅうこん》から育《そだ》てる理由が書かれています。チューリップは，たねをまいてもすぐに花がさかないので，球根から育てるという内ようを読み取《と》ります。